KB187076

썸타기와
어장관리에 대한
철학적 고찰

썸타기와
어장관리에 대한
철학적 고찰

최성호 지음

P 필로소픽

탈진리의 시대,
인생의 질문에 대한 답을 찾지 못해
고민하고 방황하는 모든 청춘들에게
이 책을 바칩니다.

목차

들어가며: 우리 시대의 남녀상열지사에 대하여

연인도 아닌 그렇게 친구도 아닌
어색한 사이가 싫어져 나는 떠나리
우연보다도 짧았던 우리의 인연
그 안에서 나는 널 떠나네

사랑보다 먼 우정보다는 가까운
날 보는 너의 그 마음을 이젠 떠나리
내 자신보다 이 세상 그 누구보다
널 아끼던 내가 미워지네

1992년 그룹 피노키오가 발표한 〈사랑과 우정 사이〉라는 노래의 노랫말 중 일부이다. 피노키오의 이 노래는 지난 세기 말 한국의 젊은이들이 서로 만나고 연애하고 사랑하는 문제에 대하여 어떤 태도를 취했는지를 잘 드러내고 있다. 단적으로 그들은 사랑보다는 멀지만 우정보다는 가까운 관계를, 연인도 아니지만 그렇다고 친구도 아닌 관계를 어색하고 불편한 관계로 받아들였다. 그리고 그런 어색함과 불편함을 견디지 못해 자기 자신보다, 이 세상 그 누구보다 더 아끼던 그(녀)와의 가슴 아픈 이별도 마다하지 않았다.

그렇게 연애의 경계선을 서성이는 '경계남녀'가 되는 것을 극구 거부했던 한국의 젊은이들은 〈사랑과 우정 사이〉가 발표된 지 30년이 흐른 2022년 현재 연애에 대해 완전히 다른 태도를 취하고 있다. 사랑보다는 멀지만 우정보다는 가까운 관계를 '썸'이나 '어장관리'라는 용어로 새롭게 규정하며 그 관계를 더 이상 불편하거나 어색한 시선으로 바라보지 않는다. 오히려 일부에서는 썸이나 어장관리를 적극적으로 긍정하고 그러한 관계로부터 묘한 즐거움을 얻기도 한다. 이는 21세기 한국 사회를 살아가는 청춘 남녀 사이에서 이전에는 볼 수 없었던 완전히 새로운 연애 문화가 등장했다는 것을 뜻한다.

무릇 인간사에 고정불변인 것은 없다. 청춘 남녀의 연애도 예외일 수 없다. 그런 점에서 시대의 흐름에 따라 청춘 남녀의 연애관이 변모하는 것은 어쩌면 당연하다 하겠다. 젊은이들의 연애관도 한 시대의 물질 문화나 정신 문화에 영향을 받으며 다양한 모습을 띨 수밖에 없다는 것이다. 20세기 초 서양의 문물이 한국 사회에 최초로 유입되며 새롭게 등장한 남녀 간의 자유 연애 문화는 급격한 시대상의 변화가 어떻게 젊은이들의 연애관에 지대한 영향을 미치는지를 생생하게 보여준다.

20세기 초 일제의 지배 아래 놓여 있던 조선의 청춘 남녀들 사이에서 기존과는 근본적으로 다른 연애관이 싹트기 시작했다. 연애가 남녀의 의지나 감정과 상관 없이 단지 두 가문의 결합으로 상징되는 결혼을 성사시키 위한 통과의례쯤으로 간주되던 전통적인 연애관에 근본적인 변화의 바람이 불기 시작한 것이다. 당시 식민지 조선으로 수많은 서구의 문물이 거대한 파고처럼 유입되었는데, 그렇게 유입된 서구의 문물 중 하나가 개인이 전통이나 인습에 얽매이지 않고 자신의 자율성을 최대한 실현하는 삶을 살아가는 것의 중요성을 강조하는 인간관이었다. 그리고 그러한 근대적인 인간관에서 연애는 단순히 결혼으로 가기 위해 거쳐야 하는 요식행위가 아니었다. 그것은 남녀의 영혼과 영혼이 만나 진심을 다해 서로 사랑을 나누는, 그 자체로 가치 있고 고귀한 정서적 결합이어야 했다. 그리고 그러한 새로운 연애 문화를 지칭하기 위해 당시의 젊은이들은 '자유 연애'라는 신조어를 고안해냈다. 실제로 20세기 초 유력한 문예지 중 하나인 《조선문단》의 연애특집호에 기고한 글에서 당대의 유명 작가 김기진은 '자유 연애'라는 용어가 십수 년 전에는 들어보지 못한, 근년에 사용되기 시작한 신조어라고 증언한다.[1]

이렇듯 식민지 조선을 살아가던 젊은이들은 서구 문물의 유입이라는 시대의 흐름에 발맞추어 자유 연애로 대표되는 새로운 연애 문화를 만들어냈다. 흥미롭게도 그로부터 정확히 한 세기가 지난 지금 한국 사회의 젊은이들은 썸타기와 어장관리로 대표되는 새로운 연애 문화를 만들어내고 있다. 식민지 조선의 젊은이들 사이에서 새롭게 등장한 자유 연애 문화는 이후 다방면 (e.g. 문학이나 영화와 같은 대중 문화)에서 한국 사회에 심대한 영향을 끼쳤다. 그런 이유로 자유 연애는 한국 근현대사에 대한 연구에서 빠질 수 없는 핵심 키워드로 자주 등장했고, 그것은 자유 연애의 본성, 기원, 파급효과 등에 대한 상당한 학술적 연구성과로 이어졌다.[2] 나는 썸타기와 어장관리라는 새로운 연애 문화역시 한국 사회의 다방면에 심대한 영향을 끼칠 개연성이 높다고 믿는다. 그런 만큼 그것은 주간지 연애면의 가벼운 가십거리가 아닌 진지한 학술적 탐구의 주제로 다루어져야 한다는 것이나의 생각이다. 이러한 문제의식 아래, 이 책에서 나는 썸타기와어장관리라는 새로운 연애 문화의 본성이나 기원에 대한 심도있는 탐구를 수행할 것이다.

썸타기와 어장관리의 기원은 무엇일까? 썸타기와 어장관리가도대체 어떠한 시대적 배경에 의해 촉발되었느냐는 질문이다. 그런데 막상 학술적인 관점에서 이 질문을 본격적으로 탐구하자니 그것이 결코 녹록한 질문이 아니라는 것을 금방 깨닫게 된다. 21세기 초 한국 사회의 청춘 남녀들이 왜 연애와 관련하여이전과 확연히 다른 모습을 보이는지, 그들은 왜 그렇게 서로 썸을 타거나 혹은 어장관리를 하는지에 대해 명료한 답변을 내놓는 것이 결코 만만한 과제가 아니라는 것이다.

이는 식민지 조선의 젊은이들 사이에서 유행하였던 자유 연애의 경우와 좋은 대조를 이룬다. 앞서 말했듯이 자유 연애에 대해서는 이미 많은 학자들의 연구가 쌓여왔고, 그를 통해 자유 연애의 본성과 기원에 대해서도 상당한 학술적 이해가 이뤄졌다. 실제로 자유 연애의 출현이 일제 식민지 시대 서구 문물의 유입,

특히 서구의 근대적인 인간관의 수용에 의해 촉발되었다는 견해는 학자들 사이에서 상당한 공감대를 형성하고 있다.

그러나 썸타기와 어장관리의 경우 상황이 매우 다르다. 그에 대한 연구도 거의 전무한 데다가, 그것이 어떤 시대적 배경 속에서 출현하게 되었는지는 막연히 추측하기도 어려울 만큼 오리무중이다. 이렇게 보면 썸타기와 어장관리의 기원에 대한 탐구는 자유 연애의 기원에 대한 탐구보다 훨씬 고난도의 작업이 될 듯하다.

이 지점에서 한 가지 사실이 분명해진다. 썸타기와 어장관리의 등장이 어떤 시대적 배경에 의해 촉발되었는지를 탐구하기 위해서는 먼저 썸타기와 어장관리가 정확히 무엇인지에 대하여 명확히 규명할 필요가 있다는 것이다. 따라서 이 책의 상당 부분은 썸타기와 어장관리의 본성에 대한 탐구로 채워질 것이다.

'썸타기'는 대개 본격적인 연인 관계로 발전하기 이전 단계의 애매하고 유동적인 남녀 관계를 뜻하는 것으로 이해된다. 그야말로 친구도 아니면서도 동시에 연인도 아닌 경계남녀의 관계를 가리키는 것이다. 한편 어장관리에서 남녀는 어장 관리자의 역할과 피관리자의 역할로 나뉜다. 어장관리의 관리자는 가끔씩 피관리자에 대한 이성적 관심을 표명함으로써 피관리자의 마음이 자신을 떠나지 못하게 만드는데 이를 '떡밥'이라고 일컫는다. 뜬금없는 문자 메시지, 부재중 전화, 페이스북이나 인스타그램 게시물에 대한 '좋아요' 등이 그러한 떡밥으로 곧잘 활용된다.

 이 책에서 나는 미국의 철학자 해리 프랭크퍼트Harry Frankfurt
의 인간관에 의거하여 의지적 불확정성volitional indecisiveness 개념
을 도입하고, 그 개념을 통해서 썸타기의 본성을 포착할 것이다.
좀 더 구체적으로 말하자면, 나는 상대방에 대한 이성적 호감을
지닌 두 남녀가 새롭게 만남을 시작하며 자신들의 의지적 불확
정성에 대해 서로 영향을 주고받는 과정이 썸타기의 핵심이라
고 제안하고자 한다. 썸타기에 대한 이러한 제안은 썸타기와 어
장관리의 관계에 대한 흥미로운 시각을 제공해줄 것인데, 그 시
각에서 어장관리의 핵심은 어장관리자가 피관리자에 대한 자신
의 진심을 숨김으로써 피관리자를 기만한다는 사실임이 드러날
것이다. 단적으로 어떤 관계가 어장관리의 관계인지 여부를 판
단함에 있어서 가장 결정적인 요소는 기만의 유무라는 것이다.

 일단 썸타기와 어장관리에 대한 이론적 분석이 어느 정도 완
결된 이후에는, 그 분석을 기초로 삼아 썸타기와 어장관리라는
새로운 연애 문화가 최근 한국의 젊은이들 사이에서 광범위하
게 유행하게 된 시대적 배경을 심층적으로 탐색할 것이다. 이 지
점에서 썸타기와 어장관리를 즐기는 젊은이들의 연애 문화의
배후에 신자유주의라는 이데올로기가 있다는 가설을 검토할 텐
데, 최종적으로 그 가설은 부적합한 것으로 드러날 것이다. 그에
대한 대안으로 나는 2010년대 들어 급격히 보편화된 소셜 미디
어, 그리고 그와 함께 대두되기 시작한 탈진리적post-truth 세태를

그러한 배후로 지목할 것이다. 탈진리의 시대에 자신의 자아를 어떤 의지와 욕구로 채워야 할지 망설이고 머뭇거리는 청춘들의 사랑법이 바로 썸타기와 어장관리라는 것이다.

1.
썸타는 그들

'썸타다'라는
말의 의미

최근 들어 한국의 젊은이들 사이에서 신조어 '썸타다'가 널리 사용되고 있다는 것은 주지의 사실이다. 아주 대략적으로 말해 본격적인 연인으로 발전하기 이전 단계의 남녀 관계, 혹은 친구보다는 더 가깝지만 연인이 될 만큼 충분히 가깝지는 않은 남녀 관계를 의미하는 것으로 이해된다. '썸타다'라는 용어로부터 썸타는 남성 혹은 썸타는 여성을 가리키는 '썸남'이나 '썸녀'와 같은 파생적 용어가 등장하기도 했다. 이처럼 '썸타다'라는 용어가 최근 한국 사회에서 상당히 널리 사용되고 있고 그로부터 파생된 용어들도 등장했지만 정작 그 정확한 의미가 무엇인지에 대해서는 여전히 오리무중이다. '썸타다'라는 말의 의미에 대해 몇몇 의견이 개진되기도 했지만 대중매체를 통해 전달되는 단편적인 아이디어 수준을 넘지 못했다. 보통은 위에서 언급한 바와 같이 '사귀는 듯이 가깝지만 연인은 아닌 관계'를 뜻하는 것으로 정의되곤 하지만, 그보다 좀 더 진전된 정의를 제시하는 이들도 있다. 가령 나무위키는 썸타는 상태를 '연인은 아니지만 서로가 일반적인 대인관계보다는 가까워져 있고, 앞으로 더 가까워질 수도 있는 상태'라고 정의하는[3] 한편, 《우먼센스》의 장은성 등은 썸타는 것을 '관심 혹은 호감 가는 이성과 잘되어가는 과정 혹은 사귀기 전에 남녀 사이에서 느끼는 불확실한 감정'이라고 정의한다.[4] 《신동아》에 글을 기고한 김규연은 썸타기를 "사랑도 우정도 아닌, 그 사이의 어떤 지정된 궤도만 도는 '값싼 금욕적 관계'"로 규정하며, 그에 대해 상당히 비판적인 입장을 취하기도 한다.[5]

최근까지 썸타기에 대한 이러한 단편적인 아이디어들은 이론적으로 세련된 논의로 이어지기보다는 모두 소박한 인상비평 수준에서 머물렀다. 그러던 중 2019년 학술지 《철학적 분석》에 발표한 논문 〈썸을 탄다는 것은 무엇인가?: 신조어 "썸타다"의 적용조건 분석〉에서 이정규 교수는 '썸타다'의 의미에 대하여 상당히 흥미로운 학술적 분석을 시도한다. 그러나 이정규 교수의 이 분석도 기본적인 접근 방향에서 그릇되다는 것이 앞으로 펼칠 논의에서 밝혀질 것이다.

썸타기를
탐구해야 하는 이유

본격적인 논의에 앞서 '썸타다'의 의미를 분석하는 것이 왜 학술적으로 흥미로운지에 대하여 짧게나마 설명하는 것이 좋겠다. '썸타다'는 최근 몇 년 사이 한국의 젊은이들 사이에서 널리 유통되기 시작한 신조어이다. 그러나 신조어라고 해서 그 의미를 분석하는 것이 언제나 학술적으로 중요한 것은 아니다. 사실 모든 신조어들의 의미를 학술적으로 분석하는 것은 필요하지도 가능하지도 않다. 그런데 '썸타다'에는 뭔가 특별한 것이 있고, 그런 이유로 그 의미를 한번쯤 곰곰이 따져볼 가치가 있다는 것이 나의 생각이다.

우선 그것은 남녀 간의 이성관계라는, 인간 공동체의 가장 밑바탕을 형성하는 인간관계에 관한 것이다. 어떤 특수한 지역이나 직종 혹은 계층에만 적용되는 용어도 아니고 어떤 새로운 사건이나 제도를 꼭 집어서 가리키기 위해 도입된 용어도 아니다. 최근 들어 한국 사회에 등장한 수많은 신조어(e.g. '관심병', '금수저', '기레기', '딸바보', '몸짱', '주린이', '품절남')들이 있지만, 그중 '썸타다'는 인생에서 누구나 한번쯤 경험할 수 있는 남녀 간의 관계에 관한 것이라는 점에서 그것의 의미를 탐색하는 것은 지금 현재 한국 사회에서 청년들의 연애 문화가 어떤 변천을 겪고 있는지를 들여다볼 수 있는 흥미로운 기회를 제공해줄 것이다.

이는 '썸타다'가 흥미로운 두 번째 이유와 연결되는데, 그것은 다른 신조어들과 달리 '썸타다'는 앞서 지적한 바와 같이 그 의미가 오리무중일 뿐만 아니라 그것이 어떤 사회문화적 배경에서 도입되었는지 역시 오리무중이라는 것이다. '몸짱'은 외모를 중시하는 풍조를 배경으로 하여, '기레기'는 언론을 불신하는 시대상을 배경으로 하여, '금수저'는 한국 사회의 경제적 양극화를 배경으로 하여 도입된 신조어라는 것에 대해서 많은 이들이 공감을 표할 것이다. 그런데 유독 '썸타다'라는 용어가 어떤 사회문화적 조건을 배경으로 해서 한국 젊은이들 사이에서 널리 유통되기 시작했는지는 전혀 분명하지 않다.

'썸타다'라는 용어가 최근 유통되기 시작했다는 사실이 썸타는 현상 자체가 최근에야 비로소 나타난 현상이라거나, '썸타다'라는 용어가 유통되기 이전에는 썸타는 남녀가 전혀 존재하지 않았다는 것을 의미하지는 않을 것이다. 분명 딸을 극진히 사랑하는 아버지는 '딸바보'라는 용어가 만들어지기 이전에도 존재했을 것이고, 근육질의 몸매를 자랑하는 이들은 '몸짱'이라는 용어가 만들어지기 이전에도 존재했을 것이다. 그럼에도 '썸타다'라는 용어가 도입된 것은 최근 한국 사회에서 썸타는 현상이 상당히 만연해 있다는 것을 시사하기에는 충분하다. 썸타는 현상을 가리킬 용어가 만들어졌다는 것은 그만큼 그 현상을 가리킬 언어적인 필요가 증가했다는 것을, 그 현상에 대하여 이야기할 대화의 맥락이 많아졌다는 것을 뜻하기 때문이다. 실제로 최근 한국의 젊은이들 사이에 썸타기가 만연해 있다는 사실은 통계로도 확인된다. 대학내일 20대 연구소가 2014년에 전국 남녀 대학생 400명을 대상으로 실시한 설문조사에 따르면 설문 대상자의 약 30%가 현재 썸을 타고 있고 2014년 한 해에 평균적으로 1.46명과 썸타기의 관계를 맺고 있다고 응답했다.[6]

이는 '썸타다'라는 용어의 의미 분석이 단순히 한 신조어에 대한 언어 분석에 그치지 않고 한국 청년 문화에서 최근에 등장한 하나의 중요한 트렌드를 엿볼 수 있는 계기가 된다는 것을 의미

한다. 서로 만나고 연애하고 사랑을 나눈다는, 인생의 이 중대
사에 대해 이 땅의 청춘들이 어떤 태도를 지니고 있는지, 그리고
그 태도에서 최근 어떤 중요한 변화가 일어나고 있는지를 그 용
어를 통하여 탐색할 수 있다는 것이다.

썸타기에 대한
개념 분석

최근 젊은이들 사이에서 왜 썸
타기가 유행하게 되었을까? '썸타기'의 의미에 관한 주제와 마찬
가지로 이 주제 역시 깊이 있는 학술적인 연구는 찾기 힘들고 언
론 지면에서 언급되는 단편적인 의견들만 넘치고 있다. 《한국일
보》의 장재진 기자는 2014년 〈그래도 우린 썸을 탄다〉라는 기사
에서 "20~30대 가운데 연애 대신 썸을 선호하는 이들이 적지 않
다. 이들은 연애를 하면 겪을 수밖에 없는 감정소모나 관계 유지
를 위한 노력이 버거워서, 혹은 취업 걱정 등 불안정한 처지 탓
에 썸을 고집하고 있다"라고 지적한다. 썸이 나타난 배경엔 취
업 등 장래가 불투명한 20대의 사회경제적 조건이 있다는 것이
다. 다른 일부에서는 쉽게 연애를 시작하고 쉽게 끝맺으려는 젊
은이들의 세태를 지적하는 목소리도 들린다.[7] 또 다른 일부에
서는 젊은이들이 연인 관계에 따른 행동의 구속, 가령 자주 통화

해야 하고, 자주 문자 메시지 보내야 하고, 자주 만나야 하고, 마음이 변치 않았음을 지속적으로 보여줘야 하는 등의 행동의 구속을 피하려는 젊은이들의 심리가 썸타기의 원인이라는 관찰이 제시된다. 썸타기가 유행하는 배경에는 '책임지지 않으려는 심리'가 존재한다는 것이다.[8] 이처럼 썸타는 젊은이들이 많아지는 현상의 배후에 대하여 다양한 갑론을박이 존재하는데, 앞서도 지적한 바와 같이, 안타깝게도 이에 대한 깊이 있는 이론적 연구가 이루어진 경우는 최근까지도 사실상 전무했다.

비교적 최근 극히 일부이긴 하지만 이 주제를 진지하게 탐색하는 사회과학자들의 저술이 조금씩 생산되고 있다는 것은 반가운 일이다.[9] 가령 안혜상은 한국 사회에서 썸타기라는 새로운 연애 문화가 등장한 배경에는 신자유주의라는 사회문화적 이데올로기가 있다고 지목한다. 그러나 이러한 사회과학적 연구는 일정한 한계를 지닐 수밖에 없는데, 그것은 그러한 연구에서 썸타기가 정확히 무엇인지를 분석하는 작업이 부재하기 때문이다. 썸타기가 어떤 시대적 배경 속에서 젊은이들 사이에서 널리 퍼지게 되었는지를 탐구하기 위해서는 먼저 썸타기가 정확히 무엇인지에 대한 이해가 선행되어야 한다. 썸타기가 도대체 무엇인지 모르는 상태에서 그 원인을 찾는 것은 어불성설이기 때문이다. 그런 점에서 썸타기 현상의 기원에 대한 사회과학적 설명이 가능하기 위해서는 먼저 썸타기가 무엇인지, '썸타다'라는 용어가 어떤 의미를 갖는지에 대한 명료한 이해를 달성할 필요가 있다. 썸타기에 대한 개념 분석이 중요한 이유다.

이러한 고려에 비춰 나는 이 책에서 우선적으로 썸타기에 대한 개념 분석에 매진할 것이다. 그를 통해 썸타기가 상대방에 대한 '간보기'나 '밀당' 등과는 사뭇 다른 성격의 활동이라는 것이 드러날 것이다. 좀 더 구체적으로 나는 썸타기가 상대방을 향해 자꾸만 끌리는 자신의 마음을 어떻게 받아들여야 할지에 대하여 머뭇거리고 망설이는, 자신의 자아를 어떠한 의지와 욕구로 채워야 할지에 대해 명료한 답을 얻지 못한 우리 시대의 청춘 남녀의 사랑법이라고 제안할 것이다. 썸타기의 본성에 대한 이러한 탐구는 서로 만남을 갖고 연인이 되고 또 사랑을 나눈다는 주제, 이 인생의 중차대한 주제에 대해 이 땅의 청춘 남녀들이 어떤 생각을 가지고 있는지를, 그리고 그 생각이 우리가 살아가는 21세기의 한국 사회에서 어떤 변화를 겪고 있는지를 들여다볼 수 있는 드문, 그리고 그렇게 드물기 때문에 너무나 소중한 기회를 제공해주리라 기대한다.

2.
썸타기와
인식적 불확실성

줄타기와
썸타기

　　'썸타다'라는 단어는 '썸'이라는
표현과 '타다'라는 표현의 결합을 통해 만들어졌다는 것, 그리고
그 첫 번째 표현인 '썸'이 영어 단어 'Something'에서 유래했다
는 것에 대해서는 큰 이견이 없을 듯하다. 영어에서도 "There is
something going on between A and B"라는 문장이 A와 B 사
이에 무엇이 존재한다는 것을 뜻하는 문자적 의미와 함께, A와
B 사이에 미묘한 연애의 감정이 오간다는 것을 뜻하는 비유적
의미로도 사용된다. 그런 점에서 '썸타다'의 '썸'이 영어 'Some-
thing'에서 왔다고 보는 것에는 의문의 여지가 없다. 한층 흥미
로운 것은 그 단어를 구성하는 또 다른 표현인 '타다'이다. 왜 한
국어 언중들은 남녀 사이의 미묘한 이성애적 교류를 표현하기
위해 '타다'라는 용어를 선택했을까? '썸나누다', '썸돌다', '썸만
들다'가 아니라 왜 하필 '썸타다'냐는 것이다. 이와 관련하여 나
는 썸타기와 줄타기 사이의 유사성에 주목한다. 그 두 활동 사
이에 중요한 유사성이 있고 그 유사성에 대한 한국어 언중들의
(의식적 혹은 무의식적) 인식이 '썸타다'라는 용어가 만들어지는 과
정에 중요한 역할을 하지 않았나 추측한다. 순간순간 마음을 졸
이며 상대방과의 만남을 이어 가는 두 남녀의 썸타기가 아슬아
슬하게 공중에서 외줄을 타는 이의 모습과 유사하다고 생각했

을 수도 있다. 실제로 김규연은 썸타기를 논하며 '줄타기 연애'라는 표현을 사용하기도 했다.[10]

이처럼 썸타기와 줄타기 사이에 어떤 중요한 유사성이 존재한다고 가정할 때 그 둘은 정확히 어느 측면에서 유사한 것일까? 먼저 줄타기에 대해서 한번 찬찬히 생각해보자. 줄타기는 다양한 특성을 지니는데, 그 첫 번째 특성은 줄타기가 줄과 그 줄을 타는 광대 사이의 긴밀한 상호작용으로 이루어지는 활동이라는 것이다. 성공적으로 줄을 타려면 광대는 자신이 의지하고 있는 줄의 쉴 새 없는 움직임에 민첩하게 반응하며 몸의 균형을 맞춰야 한다. 몸의 균형을 맞추기 위한 광대의 그러한 반응은 다시금 줄에 어떤 변형을 가하고, 그 변형은 광대의 균형을 흐트러뜨린다. 그렇게 광대는 줄타기를 하는 내내 몸의 균형을 유지하기 위해 줄의 움직임에 동물적인 감각으로 반응하며 줄과 긴밀히 상호작용한다. 이러한 상호작용의 존재가 내가 첫 번째로 주목하는 줄타기의 특성이다. 내가 다음으로 주목하는 줄타기의 특성은 그것의 예측 불가능성이나 불확실성이다. 줄타기에 임하는 광대는 줄이 앞으로 어떻게 움직일지에 대하여, 그런 줄의 움직임에 대해 자신이 어떻게 반응할지에 대하여, 결과적으로 자신이 어떻게 외줄에서 몸의 균형을 유지할지에 대하여 전혀 예측하지 못한다. 단지 자신의 반사신경에 몸을 맡기며 도무지 종잡을 수 없는 줄의 움직임에 민첩하게 반응할 뿐이다. 이러한 예측 불가능성, 불확실성, 불안정성이 내가 줄타기에서 주목하는 두 번째 특성이다. 지금까지 우리는 줄타기에서 광대는 자신의 균형을 잡기 위해 예측 불가능한 방식으로 줄과 끊임없이 영향을 주고받는다는 것을 알 수 있었는데, 줄타기와 관련하여 놓치지 말아야 할 또 하나의 흥미로운 사실은 광대가 줄타기를 즐긴다는 점이다. 광대에게 줄타기가 하나의 유희 혹은 놀이가 될 수 있다는 것이다. 이것이 내가 주목하는 줄타기의 세 번째 특성이다.

지금까지 나는 줄타기의 세 가지 특성들을 지목하였는데, 줄타기와 썸타기 사이에 긴밀한 유사성이 존재한다는 가정 아래 그 특성들은 썸타기에 대해 앞으로 펼쳐질 탐구에서 유용한 가이드와 같은 역할을 수행할 것이다.

앞서 우리는 줄타기에는 어떤 예측 불가능성 혹은 불확실성이 내재한다는 것을 알 수 있었다. 그런데 줄타기와 마찬가지로 썸타기에서도 그와 유사한 모종의 불확실성이 내재한다는 것이 많은 이들의 공통된 의견이다. 썸타기에 내재한 그 불확실성의 정체가 정확히 무엇인가가 썸타기에 대한 철학적 탐구에서 우리가 직면하는 첫 번째 질문이라 할 수 있다.

네 마음을 몰라서
썸타기가 불확실한 걸까

이정규 교수는 그 질문에 대한 하나의 답변을 제시하는데, 그에 따르면 썸타기란 기본적으로 서로에 대해서 잘 모르는 남녀가 서로에게 호감을 느끼며 서로를 알아가는 과정이다.[11] 이런 시각에서 썸타기에 내재한 불확실성은 두 남녀가 서로를 잘 알지 못한다는 사실, 서로에 대해서 충분한 지식을 갖지 못한다는 사실, 서로에 대해서 무지하다는 사실에서 비롯하는 불확실성이라고 이 교수는 제안한다. 인식론epistemology은 인간의 지식 혹은 앎의 본성을 탐구하는 철학의 분야이다. 그러므로 썸타기에 내재한 불확실성이 남녀가 서로에 대하여 충분한 앎을 지니지 못한다는 사실에서 유래한다고 보는 이 교수의 입장에서 그 불확실성은 '인식적' 성격의 불확실성이 된다. 왜냐하면 이 교수가 보기에, 썸타기에 내재한 불확실성이란 기본적으로 인간의 앎 혹은 무지와 관련된 불확실성이기 때문이다.

이 교수는 썸타기가 기본적으로 서로 이성적 호감을 갖는 두 사람 사이에 발생한다는 관찰, 그들은 썸타는 동안 어떤 불확실성을 경험한다는 관찰, 그리고 그 불확실성은 인식적 불확실성이라는 관찰 등에 기초하여 썸타기에 대한 한 가지 개념 분석에 도달한다.[12] 그런데 그 분석이 부담스러울 정도로 길고 복잡하다. 편의를 위해 여기서는 그 핵심 아이디어만을 추린 아래의 형식화만을 검토하기로 하자.

> SOME. a와 b가 썸을 탄다 iff (S1) a와 b는 서로에 대하여 이성적 호감을 가지고 있다; (S2) a는, b가 자신에게 이성적 호감을 가지고 있다는 어떤 긍정적인 증거들을 가지고 있지만, 그 증거들은 이를 확실하게 보장해 주기에는 충분하지 않고, b 역시도 a에 대해 마찬가지이다; (S3) a가 파악한 b의 호감에 대한 증거는, b가 자신에 대한 증거를 a가 가지게 될 수도 있다는 것을 인지하는 방식으로 표출된 증거이며, b가 파악한 a의 호감에 대한 증거도 마찬가지이다. …

여기서 'iff'는 영어 'if and only if'의 준말이다. 따라서 'P iff Q'는 한국말로 'P가 성립할 때, 오직 그때만 Q가 성립한다'는 뜻이다. "철수는 총각이다 iff 철수는 결혼하지 않은 남자이다"는 철수가 결혼하지 않은 남자일 때 그리고 오직 그때만 총각이라는 것을 뜻하고, 이는 우리 모두가 잘 알듯이 참이다.

이 교수가 제시한 분석의 핵심 아이디어만을 추려 (SOME)을 제시했지만 그조차도 이해하기가 만만치 않다. 독자의 이해를 위해서 풀어서 설명해보자. (SOME)의 기본 시각은 서로 이성적 호감을 갖는 두 사람이 상대방이 자신에게 정말 호감을 갖는지 명확한 판단을 내리지 못하는 상태에서 상대방이 제시하는 특정한 종류의 인식적 증거에 근거하여 그러한 판단을 확립해가는 과정이 썸타기의 본질이라는 것이다. 앞서 지적한 바와 같이 이 시각에서 썸타기에 내재한 불확실성은 상대방의 심리에 대한 충분한 정보의 결여 때문에 상대방이 과연 자신에게 이성적 호감을 갖는지를 판단하지 못하는 이가 경험하는 인식적 불확실성이다. 그리고 그러한 불확실성은 상대방과의 만남을 이어가면서 상대방이 제시하는 특정한 종류의 — 조건 (S3)을 만족하는 종류의 — 증거를 통해 상대방의 심리에 대한 충분한 정보를 획득함으로써 해소될 수 있다. 상대방이 자신에게 호감을 갖는지 여부에 대한 무지를 해소함으로써 그러한 불확실성을 해소할 수 있다는 말이다.

요컨대 이정규 교수는 썸타기를 서로 호감을 갖는 남녀가 상대방에 관한 정보를 획득해가고, 그럼으로써 상대방에 대한 인식적 불확실성 혹은 무지를 해소해가는 과정으로 이해한다. 그런데 이러한 이해에서 썸타기는 사실상 간보기와 크게 다르지 않다. 한국어에서 음식이 얼마나 짠지 알아본다는 의미의 '간보다'라는 용어는 남녀 간 연애의 맥락에서는 자신에 대한 상대방의 의중이나 태도를 파악한다는 의미로 널리 사용된다. 그래서 우리는 만남을 이제 막 시작하는 남녀가 '간보는 기간'을 보낸다고 흔히들 말한다. '그녀와는 서로 간만 보다가 그냥 관계가 흐지부지되었어'라고 토로하는 지인의 푸념이 귓전을 맴돈다. 간보는 기간 동안 남녀는 상대방의 의중이나 심리에 대한 앎 혹은 지식을 획득하기 위해 만남을 이어간다. 그런 점에서 간보기는 상대방의 심리에 대한 모종의 무지, 즉 인식적 불확실성을 해소하기 위한 탐색전이라 할 수 있다. 이정규 교수는 썸타기의 핵심이 상대방의 속마음에 대한 인식적 불확실성 그리고 그것의 해소라고 보는데, 동일한 사실이 간보기에 대해서도 성립한다. 이는 이 교수의 견해에서 썸타기와 간보기 사이에 큰 차이가 없다는 것을 의미한다.

지금까지 썸타기에 대한 이정규 교수의 견해를 간략히 소개했는데, 나는 〈SOME〉의 세부적인 사항에 대해서는 이견의 여지가 있겠지만 그것이 담고 있는 기본적인 접근 방향에 대해서는 많은 이들이 동의를 표하지 않을까 추측한다. 서로 이성으로서 끌리는 남녀가 상대방에 관한 정보를 획득해가고, 그를 통해 상대방에 대한 인식적 불확실성을 해소해가는 과정으로 썸타기를 이해하는 이정규 교수의 견해가 상당히 폭넓은 지지를 받을 것이라는 말이다. 실제로 《한겨레 21》에 실린 〈연애, 마침내 '스펙'이 되다〉라는 기사 중 다음의 대목은 〈SOME〉과 중요한 지점에서 차이를 보이기는 하지만 그럼에도 썸타기에 대한 기본 시각을 〈SOME〉과 공유한다.

썸은 이성이 시간과 돈을 들여 만날 만한 가치가 있는지 탐색하는 연애의 전초전이다. 탐색이나 전초의 단계는 늘 연애에서 있어왔지만 이것이 명확한 하나의 기간으로 떨어져 정의됐다는

건 그만큼 이 개념의 비중이 늘었다는 의미다. [13]

이 기사 역시 (SOME)과 마찬가지로 남녀 간의 썸타기를 남녀가 증거의 수집을 통해 상대방에 대한 자신들의 무지를 해소하는 과정으로 이해한다. 그런 점에서 그것은 썸타기에 대한 이정규 교수의 기본 시각을 공유한다.

그러나 둘 사이에 중요한 차이도 존재한다. 이 교수에게서 썸타는 이들의 불확실성은 상대방이 나에게 이성적 호감을 가지고 있는지 여부에 대한 정보를 갖지 못한 이들의 불확실성인 반면, 위의 기사에서 썸타는 이들의 불확실성은 상대방이 사귈 만한 가치가 있는 인물인지에 대한 정보를 갖지 못한 이들의 불확실성이다. 이처럼 《한겨레 21》 기사는 썸타는 이들이 상대방에 대한 탐색으로부터 획득하고자 하는 정보의 내용이 정확히 무엇인지에 관해서 이 교수와 입장을 달리한다. 그러나 그럼에도 썸타기가 기본적으로 서로 호감을 갖는 남녀가 상대방에 대한 모종의 무지를 해소해가는 과정으로 본다는 점에서는 《한겨레 21》 기사와 이 교수는 의견을 같이한다. 실제로 나는 많은 이들이 썸타기에 대한 이 교수의 기본적인 접근방식에 동의를 표하지 않을까 추측한다. 그러나 이하에서 나는 이 교수가 썸타기의 본성에 대하여 아주 크게 오해하고 있다는 것을 논증할 것이다.

썸타기의 불확실성은
인식적 불확실성이 아니다

　　　　　　　　　　　　　(SOME)에 대한 본격적인 비판에 앞서 한 가지 주목해야 할 점은 썸타기가 서로 호감을 갖는 남녀가 상대방에 대한 모종의 무지를 해소해가는 과정으로 이해하는 이정규 교수의 시각에서 썸타기 자체는 전혀 새로운 현상이 아니라는 점이다. 남녀가 처음 만나 서로에게 호감을 느끼고, 그래서 만남을 이어가고, 그런 만남 속에서 서로를 좀 더 많이 알아가는 것은 연애의 기본 중의 기본이기 때문이다. 상대방과 만남을 이어가며 상대방이 나에게 이성적 호감을 가지고 있는지 혹은 상대방이 사귈 만한 가치가 있는 인물인지에 대한 정보를 획득하는 것은 만고불변의 연애 법칙이다. 조선 시대 이몽룡과 성춘향도, 유럽의 나폴레옹 보나파르트Napoleon Bonaparte와 조세핀Joséphine de Beauharnais도, 지난 세기 문재인과 김정숙도 그렇게 연애를 시작했을 것이다. 그런 점에서 이정규 교수의 시각에서, 혹은 위에서 소개된 《한겨레 21》 기사의 시각에서 볼 때 썸타기는 그 근본적인 성격에서 우리가 통상적으로 생각하는 연애와 크게 다르지 않다. 그 시각에서 '썸타기'는 인간사에서 만고로부터 이어져오던 연애의 과정에서 남녀가 본격적인 연인으로 서로를 인정하기 이전 단계의 상태를 지칭하기 위해서 새롭게 만들어진 용어일 뿐, 그 자체로 어떤 새로운 현상을 가리키는

것이 아니다. 물론 '썸타다'라는 용어가 도입되었다는 것은 남녀가 본격적인 연애를 시작하기 이전의 탐색 과정에 대해 최근 들어 사람들이 많은 관심을 갖기 시작했다는 정도의 시사점을 가지긴 하지만, 썸타기 현상 자체에는 아무런 새로움도 없다. 젊은이들은 예전 그대로 연애를 하고 있는데, '썸타기'라는 용어만 하나 새로 도입되었다는 것이다.

그러나 나는 이에 동의하지 않는다. 내가 보기에 연인으로 서로를 인정하기 이전 단계에서 남녀 간에 썸을 탄다는 현상 자체에 어떤 중요한 새로움이 있다. 과거에는 썸타는 현상이 전혀 없었다는 것을 말하려는 것이 아니다. 앞서 잠시 언급한 바와 같이, 분명 '썸타다'라는 용어가 도입되기 이전에도 썸타는 남녀는 존재했을 것이다. 그러나 그것이 연애의 일반 코스는 아니었다는 것이 나의 판단이다. 서로 만나고 사귀고 연애하는 남녀 사이에서 썸타는 현상은 분명 과거에도 존재했지만, 그것이 젊은이들 사이에서 주목할 만한 현상으로 폭넓게 발생한 것은 비교적 최근 일이라는 말이다.

썸타기에 관한 이정규 교수의 분석에 대해서 두 가지 중요한 반론이 제기될 수 있는데, 그중 하나는 다소 지엽적인 성격을 갖는다. (SOME)의 세부적 사항들 사이에 내적 모순이 존재한다는 문제인데, 이 교수의 견해에 치명적인 어려움을 제기한다고 보기는 힘들다. (SOME)의 조건들을 조금 변형함으로써 그 문제를 얼마든지 극복할 수 있는 듯하기 때문이다. 그런 만큼 이 문제에 대한 상세한 논의는 생략하기로 하자 — 그에 대해 관심 있는 독자들은 책 말미의 부록을 참고하기 바란다. 이정규 교수의 분석에 대하여 제기될 수 있는 반론 중 한층 치명적인 것은 이 교수가 썸타기에 내재한 불확실성을 근본적으로 오해하고 있다는 관찰에 근거한다. 썸타기에 내재한 불확실성이 상대방의 심리에 대한 무지에서 오는 인식적 불확실성이 아닌 만큼, 썸타기에 대한 이정규 교수의 분석은 애초 그 출발점부터 틀렸다는 것이 그 반론의 핵심이다.

이러한 반론을, 썸타기나 어장관리와 같은 젊은이들의 연애 문화를 가장 섬세하게 묘사한 것으로 호평을 받은 JTBC의 드라마 〈알고있지만,〉의 등장인물을 통해 설명해보기로 하자. 드라마 중반쯤 유나비(한소희 분)와 박재언(송강 분)은 우연한 첫 만남 이후 가슴 설레는 썸타기에 돌입한다. 그런데 유나비와 박재언이 만남을 거듭하고 서로가 서로에 대해 더 많이 알아감에도 불구하고 그 둘 사이의 썸타기가 도무지 끝날 줄을 모른다. 특히 유나비와의 관계를 연인 관계로 발전시키지 않고 썸타는 관계로 고정하겠다는 박재언의 고집은 유나비에 대한 박재언의 앎 혹은 지식과는 아무런 상관이 없는 듯하다. 설사 박재언과 유나비가 상대방의 심리에 대해 충분한 지식을 획득한다 하더라도 그들이 썸타는 관계를 유지하는 것이 얼마든지 가능하다는 말이다. 이는 썸타기의 핵심에 두 남녀의 인식적 불확실성이 자리 잡고 있다고 보는 이정규 교수의 시각과 정면으로 배치된다.

물론 썸타기에 대한 이 교수의 견해가 근본적으로 오도되었다는 이러한 비판이 공고한 설득력을 갖기 위해서는 두 남녀가 상대방의 여러 상황이나 심리에 대해 충분한 정보를 습득한 이후에도 썸타는 것이 어떻게 가능한지에 대해서 좀 더 상세한 설명이 제시될 필요성이 있다. 그리고 그러한 필요성에 응답하기 위하여 다음 장에서 나는 한 사람의 마음속에서 발생하는, 인식적 불확실성과 근본적으로 상이한 성격의 불확실성을 개념화할 것이다. 그러한 불확실성이 충분히 명료하게 정식화될 때 유나비와 박재언 사이의 썸타기는 썸타기의 본성에 대한 이정규 교수의 분석에 대한 결정적인 반례가 된다는 것이 나의 판단이다.

3.
썸타기와
의지적 불확정성

너를 향한 내 마음이
갈피를 잡지 못할 때

앞 장에서 살펴본 바와 같이 이 정규 교수는 썸타는 이들이 경험하는 불확실성은 상대방이 자신에게 이성적 호감을 갖는지 여부에 대하여 판단할 충분한 인식적 증거를 갖지 못하는 이들의 불확실성이라고 간주하며, 그 불확실성의 성격을 인식적인 것으로 진단한다. 그러나 나는 이러한 진단에 반대한다. 소유와 정기고가 부른 노래 〈썸〉의 가사는 누군가와 썸타고 있는 이의 심경을 상당히 섬세하게 묘사하고 있는데, 그 가사의 다음 구절은 썸타기의 본성에 대해 시사하는 바가 크다.

요즘따라 내꺼인 듯 내꺼 아닌 내꺼 같은 너
니꺼인 듯 니꺼 아닌 니꺼 같은 나
이게 무슨 사이인 건지 사실 헷갈려
무뚝뚝하게 굴지 마
연인인 듯 연인 아닌 연인 같은 너
나만 볼 듯 애매하게 날 대하는 너
때론 친구 같다는 말이 괜히 요즘 난 듣기 싫어졌어

이 가사 중에서 "요즘따라 내꺼인 듯 내꺼 아닌 내꺼 같은 너 /

니꺼인 듯 니꺼 아닌 니꺼 같은 나 / 이게 무슨 사이인 건지 사실 헷갈려"라는 대목은 썸타는 이의 불확실성을 절묘하게 표현하고 있다. 그런데 그것이 과연 상대방이 자신에게 이성적 호감을 지녔는지 여부를 알고 싶지만 그에 대한 정보가 충분하지 않은 이가 겪는 난처함을 노래하고 있는 것인지 분명하지 않다.

상대방을 향해 "내꺼인 듯 내꺼 아닌 내꺼 같은 너"라고 말하는 이의 불확실성은 그 상대방을 향해 있는 만큼 자기 자신을 향해 있다고 보는 것이 더 합당하지 않을까? 그 가사는 자신에 대한 상대방의 마음을 몰라 답답해하는 심경뿐만 아니라 그 상대방과의 관계를 어떻게 받아들여야 할지, 그 상대방에 대해 도대체 어떤 태도를 취해야 할지 몰라 답답해하는 심경 역시 노래하고 있는 것 아닐까? 그(녀)에게 자꾸만 끌리는 나의 마음을 내 스스로가 어떻게 받아들여야 할지 결정하지 못하는 미결정성이 썸타는 이의 불확실성에서 중요한 요소라는 뜻이다.

이러한 나의 논점은 볼빨간 사춘기가 부른 노래 〈썸 탈꺼야〉 중 다음의 가사에서 한층 분명히 드러난다.

사라져 아니 사라지지 마
네 맘을 보여줘 아니 보여주지 마
하루 종일 머릿속에 네 미소만
우리 그냥 한번 만나볼래요?

여기서 썸타는 이는 상대방을 향해 "사라져 아니 사라지지 마 / 네 맘을 보여줘 아니 보여주지 마"라고 말하며 자신이 진정 무엇을 원하는지에 대하여 갈피를 잡지 못한다. 이것이 보여주는 불확실성은 상대방이 자신에게 이성적 호감을 가졌는지 여부를 알고 싶지만 그에 대한 증거가 충분치 않은 이가 경험하는 인식적 불확실성이 아니다. 이정규 교수가 주목한 불확실성과는 근본적으로 다른 종류의 불확실성이라는 말이다. 그것은 자신이 진정 무엇을 원하는지를 결정하지 못하는 이의 불확실성, 자신의 자아가 어떤 의지로 채워져야 할지를 판단하지 못하는 이의 불확실성이다. 편의상 이를 '의지적 불확정성volitional indecisiveness'이라 명명하자. 이는 썸타는 이들이 경험하는 불확실성을 상대방이 자신에게 이성적 호감을 가졌는지 여부를 알고 싶어 하는 이들이 경험하는 인식적 불확실성으로 포착하고자 시도한 이 교수의 분석에 치명적인 결함이 있다는 것을 암시한다.

이런 관점에서 나는 썸타기에 대한 올바른 이해를 위해서는 썸타는 이들이 경험하는 의지적 불확정성의 정체를, 그리고 썸타는 이들이 사회적으로 상호작용하는 과정에서 그들의 의지적 불확정성이 어떻게 서로 영향을 주고받는지를 명확히 규명할 필요가 있다고 본다. 그에 대한 상세한 이론을 전개하는 것은 상당한 연구가 필요한 작업이 될 것이고, 이 짧은 책에서 그 작업을 세세히 수행하는 것은 가능하지 않다. 여기서는 그러한 작업에 대한 아주 개략적인 스케치만을 제시하는 것에 만족하기로 하자.

프랭크퍼트의
의지 이론

썸타기에서 나타나는 의지적 불확정성의 정체를 규명하기 위해 먼저 미국의 철학자 해리 프랭크퍼트 Harry Frankfurt의 의지 이론에 대해서 간단히 일별해보자. 프랭크퍼트는 인간을 기본적으로 자신의 정신세계를 이루는 심적 요소들을 반성적으로 평가할 수 있는 자기평가능력reflexive self-evaluation을 갖는 존재로 규정한다.[14] 그리고 이러한 반성적 자기평가를 통하여 일관성, 정합성, 연속성을 갖는 방식으로 자신의 의지를 구조화하는 존재가 바로 인간이라고 프랭크퍼트는 설파한다.[15] 인간은 자기의식을 통하여 자기 자신을 반성적으로 뒤돌아보고 스스로를 평가할 수 있는 능력을 갖는데, 그 능력을 발현하는 결과로 인간의 내심에 독특한 의지의 구조가 만들어진다는 것이다.

이제는 고전이 된 프랭크퍼트의 논문 〈의지의 자유와 인격체의 개념Freedom of the will and the concept of a person〉에서 논의된 자발적 중독자와 비자발적 중독자의 사례를 통하여 이를 좀 더 자세히 살펴보기로 하자.[16] 비자발적 흡연 중독자는 자신이 흡연에 중독되었다는 사실에 몸서리치면서 그것을 벗어나기 위해 안간힘을 쓴다. 금연에 도움이 될 만한 것들은 뭐든지 가리지 않고 시도한다. 그러나 그의 흡연 중독은 이미 그가 통제할 수 있는 수

준을 넘어서 있다. 흡연에 대한 그의 충동이 너무 강력하기에 그것에 대한 저항은 모두 무위로 돌아가고, 결국 그는 담배를 피우게 된다. 이러한 비자발적 중독자와 달리, 자발적 흡연 중독자는 자신의 흡연 중독을 매우 바람직한 것으로 받아들인다. 그리고 중독의 강도가 약화된다는 느낌이 들면 중독을 공고히 하기 위해서 백방으로 노력하여 다시 중독의 강도를 끌어올린다.

자발적 중독자와 비자발적 중독자 모두 흡연 중독자이고, 그런 점에서 담배를 피울 수밖에 없는 상황이다. 그 욕구가 불수의적으로 발생한다는 것이다. 그럼에도 그들은 흡연에 대해 완전히 상반된 태도를 취한다. 비자발적 중독자에게 흡연하고픈 욕구는 거스르기 힘든 심리적 힘으로 느껴지지만 그럼에도 그는 그 욕구를 자신의 진정한 자아를 표상하는 것으로 받아들이지 않는다. 그에겐 흡연에 대한 욕구가 하나의 외부적인 힘, 탈법적 침입자outlawed intruder에 불과하다는 것이다. 한편 비자발적 중독자와 마찬가지로 자발적 중독자에게서도 흡연하고픈 욕구는 자신의 통제를 벗어나 발생한다. 그러나 비자발적 중독자와 달리 자발적 중독자는 그 욕구를 자신의 참된 자아로 승인한다. 그런 의미에서 그 욕구는 행위자의 자아에 가해지는 외부적인 힘이라기보다는 행위자의 자아를 구성하는, 행위자가 누구인지를 정의하는 심적 요소라고 보는 것이 합당하다.

자발적 중독자는 흡연과 관련하여 아무런 욕구의 충돌을 경험하지 않는다. 그는 단지 흡연하고픈 욕구만을 가질 뿐 금연하고픈 욕구는 전혀 갖지 않을 것이기 때문이다. 한편 비자발적 중독자는 서로 충돌하는 두 가지의 욕구, 즉 흡연하고픈 욕구와 금연하고픈 욕구를 동시에 경험한다. 흡연 중독의 효과 때문에 발생하는 흡연 욕구와 함께, 그런 흡연 중독을 탈법적 침입자로 간주하고 그로부터 벗어나고자 하는 욕구를 동시에 경험할 것이기 때문이다. 그런데 그는 그 두 가지 욕구의 충돌에서 무심한 방관자에 머물지 않고 둘 중의 하나를 자기 자신과 일체화한다. 금연하고픈 욕구를 적극적으로 승인하며 그것을 자신의 참된 자아로 받아들인다는 것이다. 그 경우 비자발적 중독자의 내심에 나타나는 두 욕구의 충돌, 즉 흡연하고픈 욕구와 금연하고픈 욕구 사이의 충돌은 흡연하고픈 욕구와 중독자 자신 사이의 충돌로 변모한다. 금연하고픈 욕구는 이미 비자발적 중독자의 일부가 되었기 때문이다. 중독자가 자신과 금연하고픈 욕구를 일체화한다는 사실이 흡연하고픈 욕구와 금연하고픈 욕구 사이의 충돌에서 금연하고픈 욕구가 언제나 승리한다는 것을 보장해주지는 못한다. 두 욕구의 충돌에서 비자발적 중독자가 흡연의 욕구에 압도되어 종국적으로 담배를 피우게 되는 것이 얼마든지 가능하기 때문이다. 이는 흡연하고픈 욕구와 비자발적 중독자 사이의 충돌에서 그가 결국 패배하였다는 것을 의미한다.

프랭크퍼트는 인간이 자기의식을 통해 자신의 내심을 반성적으로 성찰하고 그러한 성찰을 기반으로 자신의 참된 자아를 정립해 나아가는 모습에 인간성의 본성이 자리 잡고 있다고 본다.

인간은 여타의 생물체들과는 달리 자신의 심리에 등장하는 임의의 욕구나 충동을 무반성적으로 추종하지 않는다. 자신의 심리에 떠오르는 심적 요소들을 반성적으로 성찰하고 평가하며, 그러한 성찰과 평가에 기반하여 그 심적 요소들에 대하여 다양한 고차적 태도를 취하기 때문이다. 자신이 어떤 인간이 될 것인지, 자신이 어떤 삶을 살 것인지에 대해 숙고하여 자아상을 형성하고, 그러한 자아상에 비춰 심적 요소들 중 일부만을 자신의 참된 자아로 승인하고 수용하는 한편 그 이외의 심적 요소들은 자아에서 배제한다는 것이다. 부자가 되는 것이 인생의 목표인 이에게 금전욕은 (수면욕이나 식욕과 달리) 단순히 그의 마음에서 발생하는 하나의 우연적이고 통제 불가능한 사건이 아니다. 그것은 그의 참된 자아를 정의하는, 한 인격체로서 그의 본성을 규정하는 심적 요소다. 이것이 가능한 이유는 그가 금전욕을 승인하고 수용하면서 자신과 금전욕을 일체화하기 때문이다. 그에 따라서 금전욕이 충족될 때 그는 단순히 그의 의식에 떠오르는 하나의 욕구가 충족되는 것 이상의 성취감을 느낀다. 돈을 많이 벌 때 그는 자신의 삶이 완성된다는, 자신이 인생의 승리자라는 성취감을 갖게 된다. 반면 돈을 많이 벌지 못할 때 그는 단순히 그의 의식에 떠오르는 하나의 욕구가 충족되지 못하는 것 이상의 쓰라린 열패감을 경험한다. 금전욕이 그의 자아의 일부를 형성한다는 점에서 그것은 자신이 부정되는 상황에 다름 아니기 때문이다.

의지분열과
의지적 불확정성

　　이러한 프랭크퍼트의 인간관에서 행위자가 다양한 종류의 미결정성을 경험할 수 있다는 것은 잘 알려져 있다. 대표적인 것이 프랭크퍼트가 '의지분열 ambivalence'이라 부른 종류의 미결정성이다.[1] 그것은 행위자가 서로 충돌하는 두 욕구를 자신의 참된 자아로 동시에 수용할 때 발생한다. 프랑스의 철학자 장 폴 사르트르가 그의 저서 《실존주의와 휴머니즘 Existentialism and Humanism》에서 제시한 프랑스 청년의 사례는 프랑크푸르트가 정의한 바의 의지분열을 잘 예시한다.[17] 그 청년은 자유 프랑스 군대 the Free French를 돕기 위해 영국으로 가고 싶은 욕구, 그리고 오직 그만을 위해 살아온 어머니와 함께 조국 프랑스에 머물고 싶은 욕구 사이의 선택에 직면하였다. 이때 문제는 그 청년이 두 욕구 모두를 참된 자아로 수용한다는 사실에서 말미암는다. 청년은 영국에서 프랑스 해방 운동에 나서고 싶은 욕구와 프랑스에 남아 어머니를 보살피고픈 욕구 모두

1　'의지분열'은 영어표현 'ambivalence'의 직역과는 다소 거리가 있지만 프랭크퍼트의 철학에서 'ambivalence'가 뜻하는 바를 가장 정확히 포착한다. 실제로 프랭크퍼트의 철학을 비교적 충실히 소개하는 저서를 집필한 카트린 샤우브로엑(Katrien Schaubroeck 2013, p. 150)은 'ambivalence'와 'divided will'을 동의어로 사용한다.

를 자신의 참된 자아로 수용하고 승인한다는 것이다. 그런데 그 두 욕구는 동시에 함께 충족될 수 없는, 서로 충돌하는 두 욕구다. 따라서 청년의 내심에서 발생하는 두 욕구의 충돌은 그 청년에게 자아의 분열을 불러온다. 이처럼 행위자가 자신의 참된 자아로 수용하는 두 욕구가 서로 충돌하는 상황에서 그가 어떤 욕구에 따라 행위할지에 대해 미결정 상태에 놓일 때 그는 프랭크퍼트가 정의한 바의 의지분열을 경험한다.

의지분열에 대한 프랭크퍼트 자신의 설명을 직접 들어보자.

의지분열은 다음의 두 조건을 만족하는 의식적이거나 혹은 무의식적인 욕구들volitional movements or tendencies의 충돌에 의해서 구성된다. 첫째, 그 욕구들은 본성적으로inherently 서로 충돌한다. 그들 사이의 충돌은 어떤 우연적인 외적 상황에서 비롯한 것이 아니라는 말이다. 둘째, 그 두 욕구들은 인격체의 의지에 외적인 것이 아니라 내적인 것이다. 다시 말해 그 인격체가 그 욕구들의 충돌에 대하여 수동적인 방관자에 머물지 않는다는 것이다. (…) 인격체는 어떤 특정한 심적 요소를 긍정할지 혹은 부정할지에 대하여 결정하지 못할 때에만 의지분열을 경험한다. 이런 종류의 미결정성은 모순적 믿음을 지니는 것과 마찬가지로 비합리적이다. 의지분열은 인격체가 자신의 목적을 효과적으로 추구하고 성취할 가능성을 차단한다. 이성에서의 충돌과 마찬가지로 의지에서의 충돌 역시 자기배반self-betrayal과 자기

패배self-defeat를 초래한다. [18]

프랭크퍼트는 의지분열이 인간의 원죄Original Sins에서 비롯한 '마음의 병disease of the mind'이라고 말한 성 아우구스티누스Saint Augustine를 인용하며 의지분열의 상태를 우리가 극복해야 할, 그 자체로 결코 바람직하지 않은 심적 상태로 간주한다.[2] 그러면서 그는 의지분열이라는 마음의 병에서 치유된 심적 상태를 가리키기 위해 '전심wholeheartedness'이라는 용어를 도입하는데, 그것은 설사 한 사람의 내면에서 두 욕구의 충돌이 있다 하더라도 자신이 어느 욕구의 편에 서야 하는지에 대한 분명한 판단이 선 상태를 가리킨다.[19]

사르트르가 소개한 프랑스 청년이 의지분열을 경험하는 이유는 그 청년에게 서로 충돌하는 두 욕구가 존재할 뿐만 아니라 그 욕구 각각이 그 청년의 자아를 구성하고 있기 때문이다. 만약 그 청년이 그 두 욕구 중 어느 한쪽의 편을 든다면, 그렇게 두 욕구 중 하나를 자신의 자아에 포함시키는 한편 다른 한 욕구를 자아

---

2 의지분열이 과연 우리 마음의 병이고 그 자체로 결코 바람직하지 않은 심적 상태인지에 대해서는 철학자들 사이에 논란이 많다. 일부 학자들은 프랭크퍼트의 견해, 그리고 그와 유사한 크리스틴 코스가드(Christine Korsgaard 2009, p. 152; p. 213)의 견해와 달리 의지분열은 우리의 정신적 건강의 징표라고 주장하기도 한다. 이에 대해서는 (Marino 2011), (Gunnarsson 2014), (Coates 2017)를 참고하라.

에서 단호하게 추방한다면, 그는 의지분열에서 해방되고 전심의 상태에 도달할 것이다. 프랭크퍼트는 이러한 논점을 비자발적 중독자의 사례를 통하여 해설하는데, 그의 해설을 직접 인용해보자.

> 자신의 중독에 진심으로 저항하는 비자발적 중독자는 그 자신에게 외적인 어떤 힘과 싸우고 있는 것이다. 그 충돌은 완전히 그의 의지 내에 있지 않고, 그에 따라서 그는 의지적으로 분열되어 있지 않다. 이처럼 비자발적 중독자는 서로 충돌하는 두 욕구 중에서 전심으로 한 욕구의 편에 서는 한편 다른 한 욕구의 편에 서지 않는다. 이런 이유로 설사 중독이 그의 의지를 무너뜨린다 하더라도 그의 자기통합성unity을 훼손하지는 못한다.[20]

사르트르가 소개한 프랑스 청년의 내면과 비자발적 중독자의 내면에는 모두 서로 충돌하는 두 욕구가 존재한다. 그러나 프랑스 청년은 의지분열을 경험하는 반면 비자발적 중독자는 그렇지 않다. 왜 그럴까? 프랑스 청년은 자신의 내면에서 서로 충돌하는 두 욕구 모두를 자신의 참된 자아로 수용하고, 그에 따라 욕구의 충돌은 자아의 분열을 낳는다. 한편 비자발적 중독자의 내면에도 분명 서로 충돌하는 욕구가 존재하지만 그는 그 두 욕구 중 한 욕구(금연하고픈 욕구)는 자기 자신과 일체화하고 다른 한 욕구(흡연하고픈 욕구)는 자아에서 단호하게 추방한다. 이런 이유로 그가 경험하는 욕구의 충돌은 자아의 분열로 이어지지 않는다. 이렇게 자아가 정합적인 심적 원재료psychic raw materials로 이루어져 있다는 의미에서 비자발적 중독자의 의지는 전심의 상태에 놓여 있고, 그런 이유에서 그는 의지분열로부터 자유롭다.[21]

지금까지 우리는 의지분열에 대해서 살펴보았는데, 의지분열은 프랭크퍼트의 인간관에서 인간이 경험하는 미결정성의 여러 종류 중 하나일 뿐이다. 이 글의 주요 주제인 썸타기 현상과 직접적 관련도 없다. 썸타기 현상과 직접적 관련이 있는 미결정성은 내가 '의지적 불확정성'이라고 부르는 종류의 미결정성이다. 그것은 자신의 심리에 떠오르는 욕구를 자신의 참된 자아로 수용할지 여부를 결정하지 못하는 이의 미결정성이다. 문득 피시방에 가서 컴퓨터 게임을 하고픈 유혹을 느끼는 철수를 고려해보자. 만약 철수가 자신의 장래를 위해서 학업에 열중해야 한다는 생각을 가지고 있다면 그에게 컴퓨터 게임을 하고픈 욕구는 단지 우연히 발생한 외적인 힘 혹은 탈법적 침입자 이상이 되지 못한다. 한편 철수가 '페이커'와 같은 프로게이머가 되는 것을 인생의 목표로 삼는다면 그에게 그 욕구는 단지 그의 내심에서 어쩌다 우연히 발생하는 사건이 아니다. 그것은 자신이 어떤 인간이 될 것인지에 대한 철수 자신의 답변을 포함하기 때문이다. 이처럼 철수가 게임을 하고픈 욕구를 자신의 참된 자아로 수용하거나 혹은 그것을 탈법적 침입자로 여기며 자아로부터 추방할 때, 적어도 그 욕구와 관련해서 철수는 어떤 확정적인 태도를 취한다고 볼 수 있다. 그런데 문제는 철수가 컴퓨터 게임을 하고픈 자신의 욕구를 어떻게 받아들여야 할지에 대해 망설일 때, 그 욕구에 대한 단호한 고차적 태도를 형성하지 못할 때 발생한다. 철수가 컴퓨터 게임을 하고픈 자신의 욕구를 통하여 자아를 형성할 것인지 아니면 그것을 자아로부터 추방할지를 결정하지 못하고 머뭇거리고 망설인다는 것이다. 그 경우 나는 철수의 심리가 '의지적 불확정성'의 상태에 놓여 있다고 말할 것이다.

의지적 불확정성이나 의지분열의 상태에 놓인 이들은 공통적으로 자신의 심리에 등장하는 욕구들 중 어느 욕구로 자신의 삶을 채워야 하는지에 대해 명료한 답을 찾지 못한 이들이다. 이러한 공통점에도 불구하고 의지적 불확정성과 의지분열 사이에는 중요한 차이가 존재하고, 그런 점에서 그 둘을 명확히 구분하는 것은 중요하다. 앞서 서술한 바와 같이 의지적 불확정성은 행위자가 자신의 심리에 등장하는 어떤 주어진 욕구와 자기 자신을 일체화할지 여부에 대해, 그 욕구를 자신의 진정한 자아로 받아들일지 아니면 탈법적인 존재로 추방할지에 대해, 그렇게 그 욕구에 대하여 어떤 고차적 태도를 취할지에 대해 머뭇거리고 망설일 때 발생한다. 한편 의지분열은 행위자가 서로 충돌하는 두 욕구를 동시에 자신의 진정한 자아로 수용한 결과 고차적 수준에서의 충돌이 발생하는 상황에서 어느 욕구가 자신의 삶을 구현하는 의지가 되어야 하는지에 대한 결론을 내리지 못할 때 발생한다. 의지적 불확정성과 의지분열의 차이에 대한 가장 명료한 설명을 제시한 제니퍼 스윈델Jennifer Swindell의 표현을 빌리면,[22] 의지적 불확정성은 '일체화의 수준level of identification'에서 발생하는 문제라면 의지분열은 '의지함의 수준the level of willing'에서 발생하는 문제이다.[3]

썸타기의 불확실성은
의지적 불확정성이다

이 지점에서 나는 썸타는 이들이 썸의 상대방에 대한 자기 자신의 마음에서 느끼는 불확실성을 위에서 제시한 바의 의지적 불확정성 개념을 통해 포착할 것을 제안한다. 자꾸만 상대방에게 끌리는 자신의 마음을 어떻게 받아들여야 할지, 그것을 자신의 진정한 자아로 수용해야 할지

3　스윈델은 프랭크퍼트가 의지적 불확정성/의지분열 구분을 명확히 제시하지 않았다고 말하며 프랭크퍼트를 비판한다. 이러한 스윈델의 비판에 대하여 데이빗 스볼바(David Svolba 2011)는 프랭크퍼트를 변호하는데, 스볼바에 따르면 프랭크퍼트는 의지적 불확정성/의지분열 구분을 명확히 인식하고 있었고, 나아가 그의 관심은 오직 의지분열뿐이었다. 프랭크퍼트의 해석과 관련한 이러한 이견에도 불구하고 의지적 불확정성과 의지분열이 서로 구분되는 상이한 현상이라는 점에 대해서는 스윈델과 스볼바 사이에 아무런 이견이 존재하지 않는다.

아니면 하나의 탈법적인 침입자로 간주해야 할지를 결정하지 못하는 이의 미결정성이 썸타기에 내재한 불확실성의 핵심이라는 것이다. 이런 관점에서 썸타기란 상대에 대한 이성적 호감을 지닌 두 남녀가 새롭게 만남을 시작하며 자신들의 의지적 불확정성에 대하여 서로 영향을 주고받는 과정으로 정의될 수 있을 것이다.

앞서 볼빨간 사춘기의 〈썸 탈꺼야〉의 가사 일부를 소개했는데, 그 가사는 이러한 나의 제안의 핵심 아이디어를 정확하게 포착하고 있다.

> 사라져 아니 사라지지 마
> 네 맘을 보여줘 아니 보여주지 마
> 하루 종일 머릿속에 네 미소만
> 우리 그냥 한번 만나볼래요?

논의의 편의를 위하여 드라마 〈알고있지만,〉의 여주인공인 유나비가 이 가사의 화자이고 유나비가 현재 썸타는 대상이 박재언이라고 가정하자. 그때 '하루 종일 머릿속에 네 미소만'이라는 구절은 자신의 의도와는 무관하게 자꾸만 박재언에게 마음이 향하는 유나비의 심경을 표현한다. 유나비는 현재 박재언에게 호감을 느끼고 있는 것이다. 그런데 그 호감을 어떻게 받아들여야 할지에 대해서 유나비는 혼란스럽다. 학과 동료들 사이에

서는 박재언이 여자 관계가 복잡한, 소위 '나쁜 남자'라는 소문이
자자했다. 이런 상황에서 유나비는 박재언에게 자꾸만 끌리는
자신의 마음을 어떻게 받아들일지 망설이고 머뭇거렸다. 자발
적 흡연 중독자의 경우에서처럼 박재언에 대한 호감을 자신의
진정한 자아를 발현하는 것으로 승인할 것인가? 아니면 비자발
적 흡연 중독자의 경우에서처럼 박재언에 대한 호감을 자아에
서 배제하고 추방할 것인가? '사라져 아니 사라지지 마 / 네 맘을
보여줘 아니 보여주지 마'라는 구절은 이렇게 혼란스러워하고
갈피를 잡지 못하는 유나비의 심경을 잘 포착하고 있다. 유나비
가 앞서 내가 정의한 바의 의지적 불확정성을 경험하고 있다고
볼 수 있는 합당한 이유다. 이는 썸타는 이들이 경험하는 불확실
성을 의지적 불확정성 개념을 통해서 포착해야 한다는 것을 보
여준다.

4.
그(녀)와
연인이 되기까지

내가 사랑에
빠질 때

　　　　　　　　　　　사랑에 빠진 나는 그(녀)의 행불
행을 나의 행불행과 동일한 것으로 여기며 그(녀)가 기뻐할 때
함께 기뻐하고 그(녀)가 슬퍼할 때 함께 눈물 흘린다. 사랑에 빠
진 나는 그(녀)를 돌보고 보살피고 싶은 나의 욕구를 한 치의 의
구심이나 머뭇거림 없이 나의 참된 자아로 승인한다. 그렇게 사
랑에 빠진 나는 그(녀)와 함께하고 싶은 나의 욕구를, 그(녀)의
행불행을 나의 행불행으로 받아들이고 싶은 나의 욕구를, 그(녀)
를 위해 기꺼이 희생하고 헌신하고픈 나의 욕구를, 단순히 나의
내면에 어쩌다 우연히 발생하는 사건이 아니라 내가 누구인지
를 정의하는 심적 요소로 간주한다. 그(녀)를 돌보고 보살피는
나의 모습을 나의 가장 진실한 모습으로 긍정하는 것이다. 아마
도 '(누군가에게) 마음을 준다'는 한국어 표현은 이런 나의 내면을
묘사하는 것일 게다.

　여기서 우리가 특히 유념해야 할 점은 사랑에 빠진 나는 그
(녀)에 대한 나의 욕구와 관련하여 어떠한 의지적 불확정성도 경
험하지 않는다는 것이다. 그(녀)를 향한 사랑은 그(녀)에 대하여
내가 진정 무엇을 원하는지에 대한 일체의 불확실성이 사라지
며 나에게 찾아온다. 예전에 큰 인기를 끌었던 연애드라마 〈내
이름은 김삼순〉의 후반부에서 남자 주인공 현진헌(현빈 분)은 새

롭게 이성으로서의 끌림을 느끼게 된 김삼순(김선아 분), 그리고 자신과의 재결합을 고대하며 오랜 투병 생활을 마치고 미국에서 돌아온 전 여자친구 유희진(정려원 분)을 두고 삼각관계에 놓이게 된다. 현진헌은 두 개의 서로 충돌하는 욕구를 경험하고 있었다. 아무리 잊으려 애를 써도 자꾸만 생각나는 김삼순에게로 향하는 현진헌의 마음은 현진헌이 경험하는 첫 번째 욕구에 해당한다. 한편 자신만을 생각하며 오랜 시련을 견뎌낸 유희진에게로 향하는 현진헌의 애틋함과 미안함은 그가 경험하는 또 하나의 욕구를 만들어낸다. 유희진과 연인으로 다시 관계를 시작하고픈 욕구 말이다. 이처럼 현진헌은 두 개의 충돌하는 욕구를 경험하고 있었다.

두 여인으로 향하는 서로 충돌하는 욕구 사이에서 망설이고 머뭇거리던 현진헌에게 마침내 결단의 순간이 찾아오는데, 현진헌이 김삼순을 호텔의 남자 화장실로 반강제로 끌고 가 어색하게 키스하고 포옹하는 장면이 그것이다. 그야말로 드라마의 흐름을 바꾸는 하나의 변곡점을 형성하는 장면이다. 그전까지 김삼순에게 끌리는 자신의 마음을 '탈법적 침입자'로 간주하며 지속적으로 거부하고 저항하던 현진헌이었다. 그런 현진헌이 남자 화장실에서 김삼순과 나누던 어색한 키스와 포옹은 김삼순을 향한 자신의 마음을 더 이상 탈법적 침입자로 간주하지 않겠다는, 그 마음을 자신의 참된 자아로 온전히 받아들이겠다는 현진헌의 결심을 상징한다. 그 순간이 현진헌이 마침내 김삼순과 함께하고픈 자신의 욕구의 존재에 대하여, 그리고 그 욕구의 영향력에 대하여 동의하는 순간이기 때문이다. 현진헌의 내면에서 김삼순을 사랑하는 인간이 되겠다는 현진헌의 고차적 마음心이 맺어지는決 순간이라는 것이다. 그런 점에서 현진헌에게 그 키스와 포옹은 김삼순을 향하던 그의 마음에 존재하던 일체의 불확실성을 몰아내겠다는 그의 강력한 의지의 표명이라 하겠다.

이 지점에서 결심決心, make up one's mind이란 도대체 무엇인지에 대하여 잠시 사색해 보는 것이 좋겠다.

결심,
내가 누구인지에 대한 나 자신의 답변

아주 개략적으로 말해 결심은 우리 내면에 존재하는 의지적 불확정성을 해소하려고 노력하는 우리 마음의 작용이다. 우리의 내면에 등장하는 심적 요소에 대한 확고한 태도를 형성함으로써 그로부터 하나의 일관된 자아를 만들어내는 국면이 바로 '결심'이 가리키는 바라는 것이다. 이와 관련해 프랭크퍼트의 다음 서술은 시사하는 바가 크다.

인격체는 무엇보다 결심을 통하여 내면에 존재하는 심적 요소와 자신을 일체화한다identify는 점에서 결심은 자아의 형성과 유지에 있어서 매우 중요한 역할을 수행한다. (…) 결심의 본성을 규명하는 것은 상당히 난해한 작업임에 분명하지만, 적어도 결심이 우리가 우리 자신에 대하여 수행하는 어떤 활동이라는 것은 자명해 보인다. (…) 무언가에 대하여 결심하는 인격체는 내면에 존재하는 분열을 극복하고 자기 자신을 하나의 통합된 완전체integrated whole로 만들기 위해 노력한다. 그러나 이러한 결심의 시도가 성공하기 위하여 인격체의 내면에 존재하는 분열과 모순이 완전히 제거될 필요가 있는 것은 아니다.[23]

요컨대 프랭크퍼트의 견해에서 결심은 우리의 내면에 존재하는 다양한 심적 사건들로부터 하나의 자기통합적인 자아를 형성하고 유지하는 작용이다.

이러한 프랭크퍼트의 견해가 남녀의 연애에 어떻게 적용되는지 살펴보기 위해 생면부지의 남녀가 우연한 계기로 만남을 갖고 서로에게 이성적인 호감을 느끼게 되는 상황을 상상해보자. 만나면 즐겁고 헤어지면 다시 보고 싶은 마음이 서로에게 싹튼다. 그러나 이러한 이성적인 호감만으로 그들의 관계를 연인의 관계로 규정하기엔 성급하다. 그들이 그 호감을 단순히 자신의 내면에서 우연히 발생하는, 자아에 순전히 외적인 사건이 아니라 진정한 자아를 표상하는, 자아에 내적인 사건으로 간주할 때 비로소 그들은 연인의 관계로 발전할 수 있기 때문이다. 그들이 서로 '마음을 주고받은' 관계로 발전해야 한다는 것이다. 그리고 그러한 관계의 발전에서 중요한 것이 바로 결심이다. 앞서 살펴본 바와 같이 호텔의 남자 화장실에서 김삼순을 어색하게 포옹하며 현진헌이 수행했던 결심은 김삼순을 좋아하는 자신의 모습을 자신의 가장 진실한 모습으로 승인할 것이라는, 그렇게 김삼순과의 관계에 대해 자신이 경험하던 일체의 의지적 불확정성을 해소하겠다는 자기반성적인 성격을 갖는 고차적 의지의 작용이다. 바로 이런 의미에서 현진헌에게 결심은 자기 자신으로 향하는 마음의 작용이고, 그 결심을 통하여 그는 내면에 존재하는 분열과 모순에도 불구하고 하나의 통합된 완전체로서 자아를 형성하고 유지할 수 있었다.

여기서 한 가지 주의해야 할 사항은 "결심의 시도가 성공하기 위하여 인격체의 내면에 존재하는 분열과 모순이 완전히 제거될 필요"는 없다는 것이다. 이 점을 명료히 이해하기 위해 다시 현진헌의 결심으로 돌아가보자. 앞서 설명한 바와 같이 현진헌은 호텔의 남자 화장실에서 김삼순을 어색하게 포옹하며 김삼순의 연인이 되기로 결심한다. 그러나 현진헌 곁에는 유희진이라는 또 다른 가여운 여인이 있었고, 그녀에 대한 현진헌의 애잔한 마음은 현진헌의 자아에서 결코 지워지기 힘든 심적 요소였다. 자신과의 재회를 고대하며 오랜 투병을 끝내고 돌아온 유희진을 따뜻하게 받아들이고픈 욕구가 현진헌의 마음 깊숙이 자리잡고 있었다는 것이다. 이 지점에서 우리가 명심해야 할 사실은 현진헌이 김삼순의 연인이 되기로 결심한 이후에도 현진헌이 유희진에 대하여 갖는 그 애잔함이, 그리고 그녀와 다시 연인으로 재회하고 싶은 욕구가 현진헌의 내면에서 쉽게 사라지지는 않는다는 점이다. 이는 유희진을 떠나보내고 김삼순과 새로운 연애를 시작하겠다고 결심한 이후에도 현진헌이 그를 오랫동안 괴롭혔던 내적 분열과 모순으로부터 완전히 벗어나지는 못한다는 것을 뜻한다. 그는 여전히 김삼순과 유희진이라는 두 여인으로 향하는 서로 어긋나는 욕구 사이에서 갈등하고 괴로워한다.

이 지점에서 한 가지 질문이 자연스럽게 제기된다. 그렇다면 호텔 남자 화장실에서 김삼순을 와락 끌어안으며 이제 김삼순의 연인이 되겠다고 결심한 현진헌은 그 결심을 통해 도대체 무엇을 성취했단 말인가? 현진헌의 결심이 그의 내면에서 도대체 어떤 변화를 가져왔냐는 것이다. 그 결심을 통해 현진헌이 성취한 것은 김삼순을 향하는 호감을 그의 내면에서 합법적 정당성을 갖는 심적 요소로 긍정함으로써 자신의 자아를 '통합된 완전체'로 만들었다는 것이다. 그 결심 이후 현진헌에게 김삼순에 대한 호감은 마치 독실한 성직자에게 찾아오는 성욕처럼 그의 내면에 불쑥 나타나는 통제 불가능한 사건이 더 이상 아니다. 이제 그것은 현진헌이라는 인간이 누구인지를 정의하는, 그의 참된 자아를 표상하는 심적 요소가 되었기 때문이다. 한편 앞서 이미 지적한 바와 같이 현진헌의 결심 이후에도 유희진으로 향하는 그의 안쓰러움, 그리고 그녀와 다시 연인으로 재회하고픈 욕구는 여전히 현진헌의 내면 깊숙한 곳에 자리하면서 긴 그림자를 남기는 것이 얼마든지 가능하다. 가끔씩 그에게 참을 수 없는 슬픔과 안타까움을 불러일으킬 수도 있을 것이다. 그러나 일단 유희진이 아닌 김삼순을 자신의 연인으로 받아들이겠다는 현진헌의 단호한 결심이 선 이상 유희진을 향하는 현진헌의 마음은 더이상 그의 참된 자아를 표상하지 못한다. 그녀에 대한 현진헌의 애틋함이나 안타까움은 이제 현진헌의 내면에서 합법적 정당성을 상실하기 때문이다.

이처럼 현진헌의 결심은 그의 자아가 그의 내면에 존재하는 다양한 심리적 원재료 — 가령 김삼순이나 유희진을 향하는 그의 마음 — 를 기반으로 하여 하나의 통합된 완전체로 형성되는 국면을 가리킨다. 그러나 앞서 설명한 바와 같이 그 결심의 과정에서 현진헌의 심리적 원재료들 사이에 혹시 있을지도 모를 충돌이 완전히 해소된다는 보장은 없다. 그럼에도 그 결심을 통해서 현진헌은 자신이 누구인지에 대하여, 자신의 자아가 어떤 의지로 채워져야 할지에 대하여 한층 명확한 답변을 얻게 된다.

5.
썸타기와 밀당

썸타기와
밀당을 구분하기

이전 장에서 우리는 나의 결심이 나의 내면에 나타나는 모순과 분열을 해소하는 데 무력할 수 있지만, 그럼에도 그러한 결심을 통하여 나는 나의 자아를 어떤 심적 요소들로 채워야 할지에 대해, 그리고 그를 통하여 도대체 내가 누구인지에 대해 한층 분명한 답을 얻게 된다는 것을 알 수 있었다. 감정, 믿음, 욕구와 같은 우리 내면의 심적 요소들이 우리의 수의적 통제voluntary control 하에 놓여 있지 않고, 그런 이유로 결심을 통하여 우리 내면에 나타나는 모순과 분열을 결심을 통하여 쉽게 해소하지 못한다는 논점은 인간이 어떤 존재인지를 이해함에 있어서 상당히 중요하다. 가수 김광석이 부른 〈잊어야 한다는 마음으로〉의 가사는 그러한 논점을 서정적으로 탁월하게 묘사하고 있다.

잊어야 한다는 마음으로
내 텅 빈 방문을 닫은 채로
아직도 남아 있는 너의 향기
내 텅 빈 방 안에 가득한데
이렇게 홀로 누워 천장을 보니
눈앞에 글썽이는 너의 모습

잊으려 돌아누운 내 눈가에

말없이 흐르는 이슬방울들

지나간 시간은 추억 속에

묻히면 그만인 것을

나는 왜 이렇게 긴긴 밤을

또 잊지 못해 새울까

창 틈에 기다리던 새벽이 오면

어제보다 커진 내 방 안에

하얗게 밝아온 유리창에

썼다 지운다 널 사랑해

　가사의 화자는 그(녀)를 잊어야 한다고 굳게 결심하며 방문을 닫은 채 자신의 마음을 다스리려 노력한다. 그러나 그러한 굳은 결심에도 불구하고 그(녀)의 모습이 눈앞에 아른거리고 그(녀)의 향기가 느껴지는 것은 어찌할 도리가 없다. 그렇게 화자는 그(녀)를 잊고 싶은 욕구를 형성하고, 나아가 굳은 결심을 통하여 그 욕구를 자아의 일부로 긍정했지만, 그럼에도 그(녀)와 재회하고픈 욕구는 화자의 내면에서 도무지 사라지지 않는다. 화자의 맹세와 결심은, 그 단호함에도 불구하고, 그의 내면에 존재하는 모순과 분열을 해소함에 있어서 아무런 힘이 없다. 그렇게 그는 '널 사랑해'를 썼다 지우며 온 밤을 하얗게 지새운다.

　우리 내면의 감정, 욕구, 믿음과 같은 심적 요소들이 우리의 결심에 의하여 통제될 수 없다는 사실은 남녀 사이의 '밀당(밀고 당기기)'이 정확히 무엇인지, 어떠한 인간 조건에 의하여 밀당이 가능한지에 대한 흥미로운 통찰을 제공해준다. 그리고 그러한 통찰을 통해 우리는 밀당과 썸타기가 어떻게 다른지에 대해 한층 명료한 이해를 얻을 수 있다. 남녀 사이의 밀당과 썸타기를 엄밀히 구분하지 않고 그 둘을 사실상 동일한 활동으로 여기는 이들이 적지 않은데, 그것은 옳지 않다. 그렇다면 밀당과 썸타기의 차이는 도대체 무엇일까? 썸타는 이들의 심적 구조에 대해서는 이전 장에서 상세히 논의한 만큼 이번 장에서는 밀당하는 이들의 심적 구조를 밝히고, 그에 근거하여 밀당과 썸타기의 차이를 규명해보기로 하자. 이러한 작업을 위해서는 우리는 우선 인간의 내심에 등장하는 심적 요소에 대한 두 가지의 논점을 분명히 인식할 필요가 있다.

그 첫 번째 논점은, 앞서 여러 번 반복된 바이긴 한데, 우리의 감정, 욕구, 믿음과 같은 심적 요소들은 우리의 내면에서 발생하는 사건들이 분명하지만 그럼에도 대부분 우리의 수의적 통제를 벗어나 있다는 것이다. 아이스크림 가게 앞을 지나는 순간 맛있는 바닐라 아이스크림을 맛보고 싶은 욕구가 불현듯 나의 내심에 등장할 때, 누군가의 욕설을 듣고 내가 심한 모멸감과 함께 분노의 감정을 느낄 때, 내가 한여름 소낙비를 바라보며 '지금 비가 내리고 있다'라는 믿음을 가질 때, 나의 욕구, 감정, 믿음 등은 나의 의도나 계획과는 완전히 무관하게 발생한다. 내 고차적 의지의 결과물이 아니라는 것이다. 마찬가지로 이몽룡이 그네를 타는 성춘향을 보자마자 그녀에 대한 궁금증과 호감을 갖게 된 것 역시 이몽룡의 내심에서 어떤 고차적 의지가 작용하여 발생한 사건이 결코 아니다. 그러한 심적 요소의 등장은 이몽룡이 계획하거나 의도한 것이 전혀 아니라는 뜻이다.

우리의 내심을 형성하는 심적 요소들은 많은 경우 우리의 마음과 외부 환경이 서로 상호작용하는 과정에서 우리 자신의 의도와 무관하게 우리의 내심에서 등장하기도 하고 또 사라지기도 한다. 이는 타인이 나의 외부 환경에 영향을 미쳐 나의 내심을 조작하는 것이 얼마든지 가능하다는 것을 의미한다. 이 책을 읽는 당신이 나의 분노를 조장할 목적으로 나에게 욕설을 퍼붓는 상황을 상상해보자. 당신이 나에게 욕설을 퍼붓는 것은 나의 외부 환경에 영향을 미치는 것이다. 그리고 그것은 나의 내심에 분노라는 감정을 불러일으킬 목적으로 행해졌다. 이처럼 누군가 우리가 처한 외부 환경을 조작함으로써 우리의 내심에 영향을 미치는 것이 가능하다는 것이 밀당 현상을 이해하기 위해 우리가 명심해야 할 첫 번째 논점이다.

밀당 현상을 이해하기 위해 우리가 명심해야 할 두 번째 논점은 대부분의 감정, 믿음, 욕구는 정도를 허용한다는 것이다. 예컨대 슬픔, 기쁨, 공포 등의 감정에 있어서 그 강도를 비교하는 것은 지극히 상식적이다. '지금이 그때보다 더 슬퍼', '나는 지렁이를 박쥐보다 더 무서워해'와 같이 슬픔이나 무서움의 강도를 비교하는 문장을 사용해 의사소통하며 우리는 어떠한 어려움도 경험하지 않는다. 유사하게 명제 P에 대한 나의 믿음과 P에 대한 당신의 믿음을, 나의 출세욕과 당신의 출세욕을, 당신에 대한 나의 호감과 나에 대한 당신의 호감을, 그 강도 면에서 유의미하게 비교할 수 있고, 그런 의미에서 믿음, 욕구, 감정과 같은 심적 요소들은 정도를 허용한다.

첫 만남 이후 서로 밀당에 열중하고 있는 진구와 명신을 상상해보자. 첫 만남에서 진구는 명신에게 이성적 호감을 느꼈지만 그럼에도 곧장 만남을 이어가고 싶다는 의사를 명신에게 표현하는 않는다. 일주일 정도 뜸을 들인 후 두 번째 만남을 갖자는 메시지를 명신에게 보낸다. 그런데 이 메시지를 받고도 명신은 대뜸 답장을 하지 않는다. 사실 명신 역시 진구가 마음에 들었고 일주일 동안 진구의 연락을 기다렸지만, 그럼에도 명신은 진구의 메시지에 곧장 답신을 보내지 않는다. 명신은 자신의 속마음을 적당히 숨기면서 동시에 진구가 자신의 메시지를 기다리게 만들려는 심산이다.

왜 진구는 명신과의 첫 번째 만남 이후 곧장 두 번째 만남을 갖자는 메시지를 명신에게 보내지 않았을까? 왜 명신은 진구에게 답신을 보내며 의도적으로 뜸을 들일까? 이에 대한 명료한 답변을 얻기 위해 앞서 제시되었던 두 가지 논점을 상기해보자. 명신에 대한 진구의 호감은 진구의 고차적 의지 작용의 결과물이 아니다. 명신에 대한 진구의 호감은 진구가 명신을 만나며 그의 통제를 벗어나는 방식으로 그의 마음에 등장했다. 진구의 마음이 외부 환경(구체적으로는 명신)과 상호작용하며 그의 계획이나 의도와 무관하게 명신에 대한 호감이 생성되었다는 것이다. 만약 그와 같다면 명신은 진구와의 교류를 교묘히 제어함으로써 자신이 원하는 방식으로 진구의 마음에 영향을 미치는 것이 얼마든지 가능하다. 실제로 명신이 다시 만나자는 진구의 메시지에 곧장 답신하지 않은 것은 그녀가 진구의 마음에서 조급함이나 초조함과 같은 심적 요소가 발생하기를 의도했기 때문이다. 이처럼 어색한 첫 만남 이후에 교제를 이어가는 남녀는 자신에 대한 상대방의 마음에 특정한 변화를 야기할 요량으로 두 번째 만남을 요청하는 메시지를 일부러 늦게 보낸다든지 혹은 그러한 메시지에 대한 답신을 보내며 뜸을 들이는 것과 같은 방식으로 상대방과의 교류를 통제하고 제어한다. 그렇다면 그러한 통제와 제어를 통하여 이끌어내고자 하는 변화는 무엇인가? 그것은 바로 상대방이 나에 대하여 호감을 갖게 만들거나, 혹은 (혹시라도 내가 상대방에게 이미 호감을 가지고 있는 경우라면) 내가 상대방을 좋아하는 것보다 상대방이 나를 더 좋아하게 만드는 것이다. 독자들은 이 지점에서 감정, 믿음, 욕구와 같은 우리의 심적 요소들이 정도를 허용하고, 그런 이유로 '진구에 대한 명신의 호감이 명신에 대한 진구의 호감보다 더 강하다'와 같은 문장을 유의미하게 진술할 수 있다는 논점을 상기하기 바란다.

정리하자면 밀당은 상대방이 나에 대하여 호감을 갖게 만들거나, 혹은 (혹시라도 내가 상대방에게 이미 호감을 가지고 있는 경우라면) 내가 상대방에 대하여 갖는 호감보다도 상대방이 나에게 더 큰 호감을 갖게 만들 목적으로 남녀가 상대방과의 교류를 통제하고 제어하는 활동으로 대략 정의될 수 있을 것이다. 남녀가 이런 식의 밀당에 임하는 이유는 다양할 수 있다. 그 한 가지 이유를 추측해보자면 둘의 관계에서 주도권을 갖고 싶은 욕구가 젊은이들이 연애의 전초전으로 밀당에 임하는 중요한 동기가 아닐까 한다. 나는 상대방에게 별다른 호감이 없는 상황에서 상대방이 나에게 호감을 갖거나 혹은 상대방에 대한 나의 호감보다 나에 대한 상대방의 호감이 훨씬 큰 경우, 상대방은 나와 그(녀) 사이의 관계를 유지하기를 나보다 훨씬 간곡히 원할 것이고, 상대방이 나보다 훨씬 큰 강도로 우리 사이의 관계를 지속하고 싶어 한다면 아무래도 나는 상대방보다 우월한 위치에서 그 관계를 주도해 나아갈 수 있을 것이기 때문이다.

지금까지 밀당의 본성에 대하여 간략히 살펴보았는데, 밀당과 썸타기가 완전히 다른, 결코 서로 혼동되지 말아야 하는 활동이라는 것은 자명하다. 독자들의 이해를 위하여 그 둘 사이의 차이점을 하나하나 열거하며 이러한 나의 주장을 한층 분명하게 서술해보자. 첫째, 썸타기는 이미 상대방에게 어느 정도의 호감을 느끼고 있는 두 남녀에게서만 발생한다. 그 호감이 바로 두 남녀의 내심에 등장하는 심리적 원재료에 해당하고, 썸타기는 그 심리적 원재료에 대하여 그들이 어떠한 고차적 태도를 취할지와 관련하여 의지적 불확정성을 경험할 때 발생하기 때문이다. 이미 상대방에 대한 호감을 느끼는 두 남녀가 그 호감에 대하여 어떤 고차적 태도를 취해야 할지에 대하여 망설이고 머뭇거릴 때 그들은 '썸남썸녀'가 된다는 것이다. 한편 밀당은 두 남녀가 상대방에 대해 호감을 느끼고 있다는 것을 반드시 전제하지 않는다. 이는 호감이 없는 두 남녀가 밀당에 돌입하는 것도 얼마든지 가능하다는 것을 뜻한다. 물론 이미 서로에 대하여 어느 정도의 호감을 느끼는 두 남녀가 밀당에 돌입하는 것 역시 얼마든지 가능하지만 말이다. 앞서 예시로 들었던, 첫 만남 이후 두 번째 만남에 관한 메시지의 교환을 두고 벌어지는 진구와 명신의 밀당은 이러한 나의 논점을 잘 드러낸다. 첫 만남만을 가졌을 뿐인 진구와 명신 사이에는 아무런 호감이 존재하지 않거나, 설사 호감이 존재한다 하더라도, 그 강도가 무시해도 좋을 만큼 미미하다고 가정하는 것이 자연스럽기 때문이다.

썸타기와 밀당의 두 번째 차이점은 첫 번째 차이점보다 한층 중요한데, 그것은 썸타는 두 남녀의 일차적 관심사는 자신의 마음을 향해 있는 반면, 밀당을 하는 두 남녀의 일차적 관심사는 상대방의 마음을 향해 있다는 것이다. 앞서 지적한 바와 같이 썸타는 이들은 상대방에 대한 호감을 자아의 일부로 긍정할지 아니면 불법적 침입자로 자아에서 배제할지에 대해 명확한 고차적 태도를 취하지 못하고 그로 인해 의지적 불확정성을 경험하는 이들이다. 그렇다면 썸타는 이들의 주된 관심은 아무래도 그러한 의지적 불확정성으로 향할 수밖에 없고, 이는 썸타기가 자기지향적인 활동self-directed activity임을 의미한다. 한편 밀당을 수행하는 두 남녀의 일차적 관심사는 상대방이 자신을 좋아하는지, 그리고 만약 좋아한다면 얼마나 좋아하는지, 상대방이 자신을 더 좋아하게 만들 수 있는 방법이 무엇인지 등이다. 이런 관심에 따라서 그들의 주의는 온통 상대방의 마음을 향해 있다. 내가 곧장 메시지에 대한 답신을 보내면 그(녀)가 나를 어떻게 생각할까, 아니면 내가 일주일 정도 뜸을 들인 후 답신을 보내면 그(녀)는 어떻게 반응할까 등이 밀당에 임하는 이들의 주된 고민이다. 이는 썸타기에서와 달리 그들의 관심이 자기 자신의 마음이 아닌 상대방의 마음을 향해 있음을 보여준다.

지금까지 나는 썸타기와 밀당이 어떻게 다른지에 대해 상세히 논의했는데, 내가 굳이 이 책의 한 장을 할애해 그 차이를 상세히 설명한 이유는 그 둘을 혼동하는 이들이 드물지 않기 때문이다. 썸타기와 밀당이 모두 본격적인 연인 관계로 발전하기 이전의 남녀 관계에서 주로 관찰된다는 이유로 그 둘을 구분하지 않고, 심지어 그 둘이 사살상 동일한 활동이라고 착각하는 이들이 적지 않다. 그러나 위에서 살펴본 바와 같이 썸타기와 밀당은 각각의 발생 메커니즘이나, 각각을 통해 남녀가 달성하고자 하는 목적에서 매우 상이하다. 그런 점에서 최근 우리 사회에서 관찰되는 젊은이들의 연애 문화에 대한 올바른 이해와 진단을 위해 그 둘을 명확히 구분하는 것이 필수적이라 하겠다.

그것은
썸타기가 아니다

앞서 나는 썸타기와 밀당을 혼동한 결과 밀당을 썸타기로 오해하는 가능성을 경계하였는데, 실상 본격적인 연애에 앞서 어색하지만 동시에 설렘으로 가득 찬 만남을 이어가는 남녀의 관계가 썸남썸녀의 관계인지 아닌지를 명확히 판단하는 것은 결코 간단치 않다. 영화 〈건축학개론〉의 사례를 통하여 이러한 나의 논점을 설명해보자. 그 영화에서 대학생 승민(이제훈 분)은 같은 대학의 서연(수지 분)을 보고 첫눈에 반한다. 그러나 거듭되는 오해와 어긋남 속에 그 둘의 관계는 끝내 연인 관계로 발전하지 못한다. 영화의 스토리가 (서연의 심리보다) 승민의 심리를 한층 섬세하게 묘사하는 방식으로 전개되는 만큼 지금부터 승민의 관점에서 그와 서연의 관계를 탐색해보기로 하자. 중요한 질문은 최종적으로 서연과 결별을 결심하기 이전까지 과연 승민이 서연과 썸을 탔는지 여부이다. 결론부터 말하자면 승민은 서연과 썸타지 않았다. 그 이유는 승민은 서연에 대한 자신의 호감과 관련하여 어떠한 의지적 불확정성도 경험하지 않았기 때문이다. 승민은 진심으로 서연을 좋아했고, 나아가 서연을 좋아하는 자신의 모습을 긍정하고 승인했다. 승민이 자신의 내심에 등장하는 서연에 대한 호감을 참된 자아로 받아들였다는 것이다.

다만 승민은 서연이 자신을 어떻게 생각하는지 알지 못했다. 특히 승민은 서연 역시 자신에게 호감을 가지고 있는지, 서연이 자신과 연인이 될 의향을 지니고 있는지 등에 대하여 인식적 불확실성을 경험했다. 앞서 소개한 바와 같이 이정규 교수는 썸타기를 인식적 불확실성으로 분석하는 만큼, 이 교수는 이 지점에서 승민이 (적어도 그가 서연과의 이별을 결심하기 이전까지) 서연과 썸을 탔다고 말할 공산이 크다. 그러나 나는 그에 동의하지 않는다. 〈건축학개론〉에서 서연에 대한 승민의 심리는 그와 납득이(조정석 분) 사이의 대화에서 잘 드러나는데, 그 대화의 주요 주제는 어떻게 하면 승민이 서연을 좋아하는 것처럼 서연 역시 승민을 좋아하게 만들 수 있는지였다. 그리고 그 대화에서 승민은 어떻게 하면 자신과 서연이 서로 사랑하는 연인이 될 수 있는지에 대해서 골몰했을 뿐 서연을 좋아하는 자신의 모습에 대해서는 한 치의 주저함이나 망설임도 보이지 않았다. 이는 적어도 서연과의 관계에 있어서 승민의 자아는 전심의 상태를 유지했다는 것을, 승민이 서연으로 향하는 자신의 호감과 관련하여 어떠한 의지적 불확정성도 경험하지 않았다는 것을, 따라서 결론적으로 승민이 서연과 썸타지 않았다는 것을 보여준다. 썸타기에 대한 이정규 교수의 분석에 내가 동의하지 않는 이유다.

이번 장에서 나는 먼저 썸타기와 밀당의 차이를 설명하고, 나아가 영화 〈건축학개론〉의 사례를 통하여 본격적인 연인 관계는 아니지만 서로 이성으로서의 감정을 주고받으며 만남과 교류를 이어가는 두 남녀의 관계가 반드시 '썸타기'의 관계일 필요는 없다는 것을 보여주었다. 연애에 목마른 두 청춘 남녀가 서로에게 호감을 전심으로 느끼고, 그러한 호감을 설레고 두근거리는 만남 속에서 서로 확인해나가는 것은 연애의 초입에 선 두 남녀 사이에서 전형적으로 보이는 풍경이다. 그러한 풍경에서 썸타기가 늘 발생하는 것은 아니다. 물론 그 사이사이 상대방에 대한 '간보기'도 있고 '밀당'도 있겠지만 그것들을 썸타기와 혼동하지는 말아야 할 것이다.

연애가 상대방을 좋아하는 마음에 대한 의지적 불확정성으로부터 완전히 자유로운 상태에서 남녀가 서로와의 만남을 이어가는 국면이라면, 연인의 관계로 발전하기 이전의 남녀 간에 이루어지는 썸타기는 상대방을 좋아하는 마음에 대한 의지적 불확정성이 가장 두드러지게 등장하는 국면이다. 이 때 두 남녀의 썸타기는 오직 그 두 남녀 모두가 상대방에 대한 호감과 관련하여 의지적 불확정성을 경험할 때에만 비로소 가능하다. 그 둘 중에 한 사람이라도 의지적 불확정성을 경험하지 않는다면 썸타기는 가능하지 않다는 것이다.

구체적인 사례를 통하여 이러한 논점을 설명해보자. 명신과 진구가 서로에게 호감을 느끼는 상황에서 진구가 명신을 향하는 자신의 호감에 대하여 아무런 의지적 불확정성을 경험하지 않는 경우를 두 가지 유형으로 구분할 수 있다.

그 첫 번째 유형은 진구가 명신에 대한 자신의 이성적 호감을 자신의 참된 자아로 수용하는 경우에 해당한다. 진구가 명신에게 끌리는 마음을 자신의 진정한 모습으로 승인하는 경우이다. 이 경우 명신과 진구의 관계는 썸타는 관계일까? 그렇지 않다. 앞서 지적한 바와 같이 상대방에 대하여 호감을 느끼는 두 남녀 사이에 썸타기가 가능하기 위해서는 그 둘 모두 서로에게로 향하는 호감에 대하여 의지적 불확정성을 경험해야 하기 때문이다. 만약 명신 역시 진구에게로 향하는 자신의 호감을 자신의 참된 자아로 수용한다면, 진구와 명신의 관계는 썸타는 관계가 아니라 서로 사랑하는 연인의 관계이다. 한편 만약 명신이 진구에게로 향하는 자신의 호감에 대하여 의지적 불확정성을 경험하는 경우라면, 그들의 관계는 썸타는 관계라기보다는 진구가 명신을 짝사랑하는 관계이다. 진구와 연인이 될지 말지에 대하여 명신이 주저하고 망설이고 있는 사이 진구가 명신을 일방적으로 짝사랑하고 있는 관계라는 것이다.

진구가 명신을 향하는 자신의 호감에 아무런 의지적 불확정성을 경험하지 않는 두 번째 유형은 진구가 명신에게로 향하는 호감을 단호하게 자신의 자아에서 배제하고 추방하는 경우이다. 명신이 자꾸만 생각나고 명신이 보고 싶은 마음이 들더라도 진구가 그 마음을 자신의 진정한 자아가 아닌 자신의 심리에 등장한 불법적 침입자로 간주하는 경우이다.

2000년대 초반에 큰 인기를 끌었던 그룹 지오디GOD의 노래 〈거짓말〉은 다음과 같은 노랫말로 시작한다.

난 니가 싫어졌어 우리 이만 헤어져

다른 여자가 생겼어 너보다 훨씬 좋은

실망하지는 마 난 원래 이런 놈이니까

제발 더 이상 귀찮게 하지 마

그래 이래야 했어 이래야만 했어 거짓말을 했어

내가 내가 결국 너를 울리고 말았어

하지만 내가 이래야만 나를 향한

너의 마음을 모두 정리할 수 있을 거라고 생각한

내 맘을 내 결정을 어쩔 수 없음을

이렇게 하지 않으면 니가 날 떠나지 않을 것임을

알기에 너무나도 잘 알기에

어쩔 수 없어 널 속일게 미안해 널 울릴게

잘 가 (가지 마) 행복해 (떠나지 마)

나를 잊어줘 잊고 살아가줘 (나를 잊지 마)

나는 (그래 나는) 괜찮아 (아프잖아)

내 걱정은 하지 말고 떠나가 (제발 가지 마)

논의의 편의를 위하여 이 가사의 화자를 철수, 그리고 철수가
대화를 나누는 상대를 영희라 하자. 그때 위의 노랫말은 영희
와 연인으로 머물고픈 간절한 소망에도 불구하고 그녀의 행복

을 위하여 영희를 떠나보내는 철수의 애절한 심경을 그리고 있다. 노랫말의 첫 소절에서 철수는 자신에게 다른 여자가 생겼다고 말하며 영희에게 이별할 것을 요구한다. 그러나 노랫말의 두 번째 소절은 다른 여자가 생겼다는 철수의 말이 거짓말이라는 것을 보여준다. 영희에게 차마 말하지 못하는 철수의 속마음을 기술하는 그 소절에서 철수는 사실 영희를 여전히 좋아하고 있다는 것을, 영희와의 이별을 결심한 것이 영희가 싫어졌기 때문이 아니라 오히려 영희를 너무나 좋아하고 그래서 그녀의 행복을 기원하기 때문이라는 것을 독백한다. 노랫말의 세 번째 소절은 철수의 겉말과 속마음을 서로 대비함으로써 철수가 경험하는 내면적 모순과 갈등을 한층 극적으로 부각시킨다.

지오디의 〈거짓말〉에서 철수가 영희와 썸타지 않는다는 사실은 자명하다. 물론 철수는 영희를 여전히 좋아하고 있고 그녀 옆에 머물고픈 강한 욕구를 가지고 있다. 그러나 철수는 그러한 욕구에 대하여 아무런 의지적 불확정성도 경험하지 않는다. 왜냐하면 철수는 그 욕구가 자신의 참된 자아를 표상하는 것으로 간주하지 않고, 따라서 그 욕구를 긍정하지도 승인하지도 않기 때문이다. 철수는 분명 영희의 곁에 머물고픈 유혹을 느끼지만 철수에게 그 유혹은 우연히 그의 의식에 떠오른 탈법적 침입자일 뿐이라는 것이다. 이처럼 지오디의 〈거짓말〉은 비록 상대방을 좋아하고 또 호감을 갖지만 그럼에도 그녀의 행복을 위하여 그 호감을 자신의 자아로부터 단호하게 배제하고 추방하는 한 인물의 애절한 사연을 노래한다. 이때 영희에 대한 호감과 관련하여 철수는 아무런 의지적 불확정성도 경험하지 않기에 영희를 대하는 철수의 태도는 영희와 썸타는 이의 태도로 분류될 수 없다는 것은 자명하다.

요약하자면 그(녀)에 대한 나의 이성적 호감과 관련하여 내가 아무런 의지적 불확정성을 경험하지 않는 상황에는 두 가지 유형이 존재한다. 그 첫 번째 유형은 내가 그 호감을 나의 진정한 자아로 긍정하고 수용하는 경우에 해당한다. 그리고 그 두 번째 유형은 내가 상대방에게로 향하는 호감을 단호하게 자아에서 배제하는 경우에 해당한다. 이처럼 내가 그(녀)에 대하여 느끼는 호감과 관련하여 아무런 의지적 불확정성을 경험하지 않는 상황에서 내가 그(녀)와 썸타는 것은 가능하지 않다. 앞서 여러 번 지적한 바와 같이 내가 누군가와 썸타기 위해서는 무엇보다 그(녀)에 대한 호감을 느낄 뿐만 아니라 그 호감에 대하여 의지적 불확정성을 경험해야 하기 때문이다. 서로 생면부지인 두 남녀가 어색한 첫 만남 이후 서로에게 끌리는 미묘한 느낌을 가지기 시작하지만 아직 그 느낌을 자신의 내면 속에서 어떻게 자리매김지을지에 대하여 머뭇거리고 망설이는 국면이 바로 젊은이들이 '썸타기'라는 말로 뜻하는 바에 가장 가깝지 않을까 한다.

6.
썸남썸녀의
만남과 이별

연애로 가는 길목에서
썸을 타다

이제 남녀 간의 썸타기가 어떤 식으로 전개되고 종료되는가라는 질문을 심도 있게 탐구해 보기로 하자. 이에 대한 답변을 얻기 위해 우리는 먼저 썸타기의 궁극적인 목적에 따라서 썸타기를 두 가지 유형으로 구분할 필요가 있다.

첫 번째 유형의 썸타기는 탐색형 썸타기이다. 명신이 최근 친구의 소개로 만남을 갖기 시작한 진구와 탐색형 썸타기에 임한다는 것은 명신이 진구와 본격적인 교제를 시작할지 말지를 판단하는 것을 최종 목적으로 삼아 썸타기에 나선다는 뜻이다. 진구와 탐색형 썸타기에 나서는 명신에게 썸타기는 진구가 연애를 할 만한 인물인지, 진구와의 관계를 연인의 관계로 발전시켜도 괜찮을지 등을 탐색하는 과정이다. 그러한 탐색을 통해서 진구에 대한 정보를 최대한 수집하고, 그 정보를 활용하여 썸타기에 내재해 있는 의지적 불확정성을 해소하는 것을 최종 목적으로 삼아 썸타기에 임한다는 것이다.

이러한 탐색형 썸타기의 본성을 좀 더 깊이 있게 이해하기 위하여 우리는 인식적 불확실성과 의지적 불확정성 사이의 관계를 명확히 규명할 필요가 있다. 2장에서 우리는 썸타기에 내재된 불확실성을 상대방에 대한 무지 혹은 인식적 불확실성으로 포착하는 이정규 교수의 견해를 잠깐 살펴본 바 있다. 진구와 탐색형 썸타기에 임하고 있는 명신을 다시 고려해보자. 진구에 대해서 많은 것이 궁금한 명신은 분명 인식적 불확실성을 경험할 것이고, 나아가 그러한 인식적 불확실성을 벗어나기 위하여 진구에 대한 탐색전을 전개할 것이다. 일견 우리의 관심을 탐색형 썸타기로 국한할 때 썸타기의 불확실성이 인식적 불확실성이라는 이 교수의 견해가 설득력 있어 보이는 대목이다. 그러나 설사 탐색형 썸타기에 우리의 관심을 국한한다 하더라도 이 교수의 견해는 여전히 옳지 않다.

명신이 진구가 연애할 만한 인물인지, 진구가 명신 자신에 대하여 어떻게 생각하는지 등에 대한 정보를 획득하기 위한 탐색을 거쳐 진구에 대한 새로운 정보를 얻고, 그 덕분에 명신은 자신이 애초에 경험하던 인식적 불확실성을 벗어날 수 있을지 모른다. 명신이 진구에 대하여 더 많이 알아가면서 진구의 여러 조건들, 사람됨, 그리고 진구가 자기 자신에 대하여 어떤 마음을 지니고 있는지 등에 대한 무지로부터 벗어날 수 있다는 것이다. 그렇다면 이렇게 명신의 인식적 불확실성이 해소될 때 썸타기가 종료될까? 반드시 그렇지는 않다.

앞에서 이미 서술한 바와 같이 드라마 〈알고있지만,〉에서 박재언과 유나비의 관계가 썸타는 관계에 머물 수밖에 없었던 이유는 그 둘 사이에 어떤 인식적 불확실성이 있었기 때문이 아니었다. 드라마 속에서 박재언과 유나비는 모두 일정 기간의 만남 이후 상대방에 대하여 알 만큼 알게 되었다. 그럼에도 그들의 관계는 연인 관계로 발전하기보다 썸타는 관계에 고정되었는데, 이는 썸타기의 핵심이 인식적 불확실성이라고 보는 이정규 교수의 견해에서는 납득되기 힘든 반면, 썸타기의 핵심이 의지적 불확정성이라고 보는 나의 견해에서는 쉽게 납득된다. 나의 견해에서 박재언과 유나비가 썸타는 관계에 머문 것은 그들이 (인식적 불확실성이 아닌) 의지적 불확정성에서 벗어나지 못했기 때문이다.

물론 상대방의 조건, 사람 됨됨이, 자기 자신에 대한 태도 등에 대한 정보를 더 많이 습득하는 것이 내 마음 속에 존재하는 의지적 불확정성을 해소하는 데 도움이 되는 경우가 많다. 명신이 평소 부유한 남자 친구를 사귀고픈 욕구를 자아의 일부로 긍정하는 상황을 상상해보자. 이 상황에서 명신이 최근에 만남을 갖기 시작한 진구가 부유한 집안의 아들이라는 것을 알게 되었을 때 명신은 진구를 향한 자신의 호감에 대해 어떠한 의지적 불확정성도 경험하지 않을 것이다. 이는 명신이 진구에 대한 (그가 부유한 집안의 아들이라는) 새로운 정보를 획득함으로써 진구에 대한 의지적 불확정성을 해소할 수 있게 된다는 것을 의미한다. 이처럼 새롭게 교제를 시작하는 남녀는 서로에 대한 좀 더 많은 지식을 획득함에 따라서 인식적 불확실성을 해소할 수 있고, 그리고 그것은 종종 그들 사이에 존재할지도 모를 의지적 불확정성을 해소하는 결과를 만들어낸다.

그러나 여기서 내가 강조하고 싶은 바는 상대방에 대한 인식적 불확실성이 해소된다고 해서, 즉 상대방에 대하여 충분한 지식을 획득한다고 해서, 그로부터 내가 언제나 그(녀)에 대한 의지적 불확정성을 극복할 수 있다는 결론이 따라 나오지는 않는다는 것이다. 상대방에 대한 나의 의지적 불확정성에는 두 가지 축이 존재하는데, 그 한 축은 상대방에 대한 나의 무지 혹은 인식적 불확실성이다. 상대방에 대하여 자세히 알지 못하니 그(녀)로 향하는 나의 호감을 자아의 일부로 긍정하고 수용할지 아니면 탈법적 침입자로 여기며 자아에서 추방할지 결정하지 못하는 것이다. 그런데 의지적 불확정성에는 또 하나의 축이 존재한다. 그것은 내가 어떤 인간이 될 것인가, 내가 어떤 삶을 살 것인가와 같은 질문들에 대한 나 자신의 답변이다. 그러한 질문들에 대하여 명확한 답변을 지니지 못하는 한 상대방에 대해 아무리 많은 지식을 얻게 된다 하더라도 나는 그(녀)에 대한 의지적 불확정성으로부터 벗어나지 못한다. 왜냐하면 나의 자아를 어떤 욕구나 의지로 채워야 할지에 대한 명료한 자기 이해가 부재한 상황에서, 나는 상대방으로 향하는 나의 호감에 대해 어떤 고차적 태도를 취할지 결정할 수 없을 것이기 때문이다.

유나비와 박재언의 관계가 상당 기간 썸타는 관계에 머물 수밖에 없었던 이유는 그들이 서로에 대해 충분한 지식을 갖지 못했기 때문이 아니었다. 그것은 그들 각각이 자신의 자아를 어떤 욕구와 의지로 채워야 할지에 대해 명료한 답변을 갖지 못했기 때문이었다. 그런 이유로 유나비와 박재언은 상대방에 대하여 충분한 지식을 가졌음에도 불구하고 상대방에게로 향하는 호감을 자신의 진정한 모습으로 받아들일 것인가 말 것인가라는 문제에 직면하여 머뭇거리고 망설였던 것이다.

요약하면 이렇다. 내가 최근 새롭게 교제를 시작한 상대방에게 호감을 느끼고 아울러 그 호감에 대하여 의지적 불확정성을 느낀다고 가정할 때, 나는 의지적 불확정성을 해소하기 위하여 상대방에 관한 여러 의문을 풀어야 할 뿐만 아니라 나 자신에 관한 여러 의문 역시 풀어야 한다. 상대방이 어떤 인간인지에 대해서 명료한 답변을 가져야 할 뿐만 아니라 나 자신이 어떤 인간인지에 대해서도 명료한 답변을 가져야 한다는 것이다. 오직 그러한 두 답변이 모두 주어질 때 나는 상대방과 관련한 의지적 불확정성을 극복할 수 있고, 나아가 상대방을 그저 썸남 혹은 썸녀가 아닌 나의 진정한 연인으로 받아들일 수 있게 된다.

우리는 주위의 어떤 지인이 10년 가까이 연애만 하던 전 남친(전 여친)과 헤어진 이후 새로운 남자(여자)를 만나 몇 달만에 곧장 결혼했다는 이야기를 종종 듣는다. 이 이야기를 듣고 어떻게 10년이나 사귄 전 남친(전 여친)을 그렇게 쉽게 잊을 수 있는지에 대하여, 혹은 10년을 결혼은 하지 않고 연애만 하더니 어떻게 그렇게 빨리 결혼을 결정할 수 있는지에 대하여 의아해하는 이들이 있을 수 있다. 편의를 위해서 이 이야기의 주인공을 '수연'이라 명명하자. 어떻게 수연은 전 남친과 10년간 연애만 하다가 이별 이후에 그렇게 갑자기 다른 남자와 결혼을 선택할 수 있었을까? 의지적 불확정성에 관한 위의 논의는 이에 대해 한 가지 흥미로운 답변을 제시한다. 수연이 전 남친과의 이별 이후에 그렇게 빨리 결혼을 결정할 수 있었던 것은 전 남친과 연애하던 10년의 기간 동안 수연은 자신이 누구인지에 대하여, 자신이 어떤 삶을 살아야 하는지에 대하여, 그렇게 자신의 자아가 어떤 욕구와 의지로 채워져야 할지에 대하여 한층 명료한 답을 얻을 수 있었기 때문이다. 그렇게 그녀는 지난 10년의 기간 동안 자기 자신에 대한 한층 깊이 있는 이해에 도달할 수 있었고, 그 덕분에 새 남친에 대한 의지적 불확정성을 비교적 손쉽게 해소할 수 있었던 것이다. 이것이 수연이 그렇게 빨리 새 남친과의 결혼을 결정할 수 있었던 이유이다.

앞서 지적한 바와 같이, 상대방에 대하여 점점 더 많은 정보를 획득함에 따라 나는 그(녀)에 대한 인식적 불확실성을 해소할 수 있지만 그렇다고 그로부터 내가 그(녀)에게로 향하는 나의 호감에 대한 의지적 불확정성을 완전히 해소할 수 있다는 결론이 곧장 따라 나오지는 않는다. 그럼에도 그(녀)에 대해 충분한 정보를 획득하는 ─ 인식적 불확실성을 극복하는 ─ 것은 그러한 의지적 불확정성을 해소하는 데 큰 도움이 된다. 특히 앞서 논의한 수연의 사례에서처럼 내가 나의 자아를 어떤 욕구와 의지로 채워야 할지에 대하여 명료한 이해에 도달한 경우 상대방에 대한 인식적 불확실성의 해소는 그(녀)로 향하는 호감에 대한 의지적 불확정성의 해소를 동반할 공산이 크다. 탐색형 썸타기가 가능한 이유가 바로 이것이다. 내가 만약 상대방에 대한 탐색을 통해 그 상대방에 대한 정보를 최대한 수집하고 그 정보를 활용하여 그(녀)로 향하는 나의 호감에 관한 의지적 불확정성 상태로부터 벗어나고자 시도한다면, 나는 지금 그(녀)와 탐색형 썸타기에 임하고 있는 것이다.

나는
썸만 탈 거야

지금까지 썸타기의 두 유형 중 하나인 탐색형 썸타기에 대하여 살펴보았는데, 썸타기에는 탐색형 썸타기가 아닌 또 다른 유형의 썸타기도 존재한다. 명신이 진구와 썸을 타면서 썸타는 행위 자체를 즐기는 것이 가능하다. 마치 명신이 댄스 경연대회에서 우승할 목적으로 진구와 춤을 추는 것도 가능하지만 명신이 춤추는 행위 자체를 즐길 목적으로 진구와 춤을 추는 것 역시 가능한 것과 같은 이치이다. 이처럼 명신이 썸타기에 내재한 의지적 불확정성을 해소할 목적이 아닌, 썸타기 활동 자체를 즐길 목적으로 진구와의 썸타기에 참여할 수 있다. 이 경우 진구와 썸타는 명신의 목적은 진구가 자신의 연인으로 삼기에 적당한지를 탐색하는 것이 아니라 썸타는 활동 자체로부터 오는 쾌락을 즐기는 것이다. 이를 '쾌락형 썸타기'라 부르자.

일반적으로 썸타기는 연애의 전 단계로 인식되는 경우가 많은데, 쾌락형 썸타기는 탐색형 썸타기와 달리 연애와 완전히 무관한, 그야말로 썸을 위한 썸이다. 어떠한 심리적 거리도 없이 서로 마음을 주고받은 연인 관계에서보다, 서로 적당한 심리적 거리를 유지하는 썸타기 관계에서 더 큰 즐거움을 얻는 이들이 있을 수 있다. 썸타는 남녀는 자신의 좋은 면만을 상대방과 공유하며 자신에 대한 상대방의 인상을 관리할 목적으로 본격적인 연인의 관계에서보다 서로를 좀 더 예의 있고 조심스럽게 대하는 경향을 보인다. 그런 이유로 본격적인 연애 관계에서와는 달리 썸타는 관계에서는 어색함, 긴장감, 설렘과 같은 감정들이 함께 공존하는데, 그로부터 묘한 재미를 느끼며 쾌락형 썸타기에 임하는 것이 얼마든지 가능하다.

실제로 연애에는 관심이 없고 쾌락형 썸타기만 즐기는 문화가 최근 젊은이들 사이에서 하나의 중요한 트렌드로 자리 잡고 있다는 설문 조사도 있다. 대학내일 20대 연구소의 조사에 따르면 응답자의 약 30%가 현재 썸을 타고 있다고 답변했는데, 그들 중 약 3분의 2가 연애할 생각은 없고 썸만 즐기는 것도 괜찮다고 대답했다.[24] 그들에겐 상대방과 연애할 계획이 없다는 것이 썸타기를 중단할 이유가 되지 못한다는 것이다. 그만큼 젊은이들 사이에서 쾌락형 썸타기가 만연해 있다는 것이고, 이는 그것의 본성에 대한 심도 있는 탐구의 필요성을 일깨운다.

최종-목적 행위와
경로-목적 행위

앞에서 썸타기 활동의 참여자가 어떤 최종적인 목적을 갖는가에 따라서 썸타기를 탐색형 썸타기와 쾌락형 썸타기를 구분하였는데, 사실 이 구분은 썸타기에 국한될 필요도 없고 우리가 타인과 함께 수행하는 행위들에 국한될 필요도 없다. 그 구분을 인간의 행위 일반으로 확장하는 것이 가능하다는 말이다. 나는 아이스크림을 구입할 목적으로 동네 마트를 향해 걷기도 하지만 걷는 행위 자체를 즐기기 위하여 아침 공기를 마시며 산보를 하기도 한다. 첫 번째 경우에는 걷는 행위와 별도의 최종 목적(아이스크림 구입)이 존재하는 한편, 두 번째 경우에는 걷는 행위 자체가 목적이다. 전자의 경우 나의 걷는 행위를 '최종-목적 행위final-goal action'라고, 후자의 경우 나의 걷는 행위를 '경로-목적 행위path-goal action'라고 각각 명명하자.

마찬가지로 내가 노래자랑 대회에서 노래를 부를 수도 있고 취기가 오른 상태에서 귀갓길에 노래를 흥얼거릴 수도 있다. 첫 번째 경우에는 노래 부르는 행위와 별도의 최종 목적(노래자랑 대회에서의 우승)이 존재하는 한편 두 번째 경우에는 노래 부르는 행위 자체가 목적이다. 이에 따라 첫 번째 경우 나의 노래하기는 최종-목적 행위인 한편 두 번째 경우 나의 노래하기는 경로-목적 행위이다. 여기서 한 가지 눈여겨봐야 할 점은 걷는 행위나 노래 부르는 행위는 내가 반드시 타인과 함께 할 필요가 없는 행위라는 것이다. 나 혼자서 그 행위들을 수행하는 것이 얼마든지 가능하다. 그런 점에서 최종-목적 행위와 경로-목적 행위 사이의 구분은 내가 타인들과 함께 수행하는 사회적 행위social action나 공동 행위joint action에 국한될 필요 없이 인간의 행위 일반으로 확장될 수 있다 — 사회적 행위나 공동 행위가 정확히 무엇인지에 대해서는 다음 장에서 상세히 논의될 것이다.

지금까지 경로-목적 행위와 최종-목적 행위의 구분을 소개하였는데, 그 구분에 대한 나의 아이디어는 아니카 파이비치Anika Fiebich와 숀 갤러거Shaun Gallagher의 선행 연구[25]에 의지한 바 크다. 그런데 그들은 경로-목적 행위와 최종-목적 행위 사이의 구분을 공동 행위의 본성을 탐구하는 맥락에서 제시하였고, 그런 이유로 그 구분을 공동 행위에 국한하는 방식으로 제시한다. 그들의 글을 직접 인용해보자.

공동 행위는 공동 최종-목표 행위joint final-goal actions일 수 있다. 이 공동 최종-목표 행위에서 행위자들은 어떤 최종 목적물을 획득하기 위하여 혹은 최종 상태에 도달하기 위하여 자신들의 행위를 서로 조율한다. 그런데 그 최종 목적물 혹은 상태는 그것을 성취하기 위해서 사용되는, 행위자들의 조율된 행위 패턴과 무관할 수 있다. 예컨대 여러 행위자가 함께 은행을 상대로 도둑질을 하려고 계획하는 경우, 그들의 최종 목적은 매우 다양한 방식으로 성취될 수 있다. 그런데 행위자들이 자신들의 행위 자체를 최종 목적으로 삼아 공동 행위에 임할 수 있다. 이를 '공동 경로-목적 행위joint path-goal actions'라 부르자. 이 경우 공유된 의도로부터 그 공동 행위 자체만이 따라 나오고, 그에 따라서 행위자들의 조율된 행위 패턴은 다소간 미리 규정되어 있다. 공동 최종-목적 행위와 공동 경로-목적 행위 사이의 이러한 구분은 질적인 차이를 드러내는 엄밀한 구분이라기보다는 공동 행위들이 이루는 연속적인 스펙트럼의 양극단으로 간주되는 것이 합당하다. 왜냐하면 많은 공동 행위들이 그 둘의 특성을 동시에 지니고 있기 때문이다. 이 점에 있어서 공동 행위는 때때로 애매하고 매우 복잡한 방식으로 기술될 수 있다.[26]

이 인용문에서 파이비치와 갤러거는 공동 최종-목적 행위와 공동 경로-목적 행위 사이의 구분을 제안하는데, 그들의 그 구분이 탐색형 썸타기와 쾌락형 썸타기 사이의 구분에 아주 정확하게 대응하지는 않는다. 왜냐하면, 다음 장에서 자세히 다루겠지만, 대다수의 썸타기는 애초 공동 행위가 아니기 때문이다. 그럼에도 위의 인용문은 최종-목적 행위와 경로-목적 행위 사이의 구분에 대한 명시적 진술과 함께 그 구분에 관한 흥미로운 관찰을 담고 있다.

내가 아이스크림을 구입하기 위해서 마트까지 걸어가는 경우, 나의 걷는 행위는 그 행위 자체가 아닌 별도의 목적을 가지고 있다. 바로 마트에서 아이스크림을 구입한다는 목적이다. 그런데 내가 마트까지 걸어가는 것이 그 목적을 달성하기 위한 유일한 방법은 아니다. 마트까지 걸어갈 수도 있고, 자전거를 타고 갈 수도 있고, 그도 아니면 전동 킥보드를 타고 갈 수도 있다. 마트까지 걸어가는 나의 행위는 아이스크림 구입이라는 목적을 성취하는 하나의 방편일 뿐이다. 이는 그 행위가 최종-목적 행위에 대한 파이비치와 갤러거의 서술에 부합한다는 것을 보여준다. 이와 동일한 결론을 탐색형 썸타기에 대해서도 이끌어낼 수 있다. 탐색형 썸타기에 임하는 두 남녀는 그들의 썸타기와는 별도로 어떤 목적을 가지고 있다. 바로 상대방이 자신에 대하여 어떻게 생각하는지, 상대방이 사귈 만한 인물인지 등을 탐색하고, 그를 통하여 상대방에 끌리는 자신의 마음과 관련한 의지적 불확정성을 해소하는 것이다. 그런데 이러한 목적은 반드시 썸타기를 통해서만 성취할 수 있는 것은 아니다. 썸타기는 그러한 목적을 성취하는 하나의 방편일 뿐이다.

한편 쾌락형 썸타기에 임하는 두 남녀는 그들의 썸타기와 무관한 어떤 목적을 갖지 않는다. 그들의 목적은 썸타기 자체에서 오는 쾌락을 얻는 것이고, 그것은 반드시 썸타기를 통해서만 성취될 수밖에 없다. 그런 점에서 쾌락형 썸타기는 파이비치와 갤러거의 기준에 따라 경로-목적 행위로 분류된다. 내가 아침의 신선한 공기를 즐기며 산보하는 경우, 나의 산보는 그 행위 자체가 목적이다. 그리고 그 목적은 오직 산보를 통해서만 성취될 수밖에 없다. 그런 점에서 나의 산보 역시 쾌락형 썸타기와 마찬가지로 경로-목적 행위에 해당한다.

파이비치와 갤러거가 적절히 지적하는 바와 같이 최종-목적 행위와 경로-목적 행위 사이의 경계는 결코 분명하지 않고, 또한 많은 행위가 그 둘의 특성을 동시에 지닌다. 그런데 이러한 논점은 탐색형 썸타기와 쾌락형 썸타기에 대해서도 그대로 적용된다. 명신이 진구에 대한 자신의 의지적 불확정성을 해소할 목적으로 진구와 썸을 타면서 동시에 진구와 썸을 타는 활동 자체를 즐기는 것이 가능하다. 명신이 진구를 상대로 수행하는 썸타기가 탐색형 썸타기의 특성과 쾌락형 썸타기의 특성을 동시에 지닌다는 것이다. 최종-목적 행위와 경로-목적 행위에 대한 파이비치와 갤러거의 제안과 유사하게, 탐색형 썸타기와 쾌락형 썸타기 역시 썸타는 활동들로 이루어지는 연속적인 스펙트럼의 양극단의 경우로 간주하는 것이 합당해 보이는 대목이다.

나의 썸이 너의 썸과
다를 때

　　탐색형 썸타기와 쾌락형 썸타기의 구분에서 한 가지 흥미로운 점은 진구와 명신이 서로 썸을 타지만 그들의 썸타기가 서로 다른 유형일 수 있다는 것이다. 진구와 명신이 서로 다른 목적 아래 상대방과 썸타는 것이 가능하다는 것이다. 예컨대 명신과 진구가 서로 썸을 타면서 명신은 썸타는 활동 자체에서 오는 쾌락을 즐길 목적으로 썸타는 반면에 진구는 명신에 대한 의지적 불확정성을 해소할 목적으로 썸타는 것이 가능하다. 이 경우 명신은 자신의 활동을 쾌락형 썸타기로 이해하는 반면에 진구는 자신의 활동을 탐색형 썸타기로 이해한다. 이처럼 썸타기의 두 참여자가 서로 다른 유형의 썸타기에 임하는 경우 그 썸타기를 '동상이몽同床異夢형 썸타기'라 명명하자.

　　탐색형 썸타기, 쾌락형 썸타기, 그리고 동상이몽형 썸타기에 대한 좀 더 깊이 있는 이해를 얻기 위하여 드라마 〈알고있지만,〉의 한 장면을 떠올려보자. 박재언이 유나비를 극진하게 간병한 일을 계기로 그 둘은 급격히 가까워지며 성관계를 맺기까지 한다. 그럼에도 그들은 서로를 연인으로 여기지는 않는다. 그리고 얼마 지나지 않아 주위에서 박재언과 유나비의 관계가 서로 섹스를 함께하는 관계라는 소문이 파다하게 퍼진다. 이런 소문에 괴로워하던 유나비가 어느 순간 박재언에게 다른 여자가 있느냐고 묻고 박재언은 다른 여자가 없다고 답한다. 그러나 곧 박재언에게 다른 여자가 있다는 것을 증명하는 사건이 발생한다. 그리고 그들은 다음과 같은 대화를 나눈다.

박재언: 이제 나 안 볼 거야? 나 계속 너랑 친구 하고 싶은데.

유나비: 친구? 도대체 너한테 친구란 건 어떤 의미인데?

박재언: 무슨 말이야?

유나비: 너는 왜 나한테 그딴 거짓말을 해? 나 말고 만나는 사람 없다며.

박재언: 그게 그렇게 중요해?

유나비: 야! 너 도대체 나한테 원하는 게 뭐야? 아~ 나 그냥 멍청하게 모른 척 네가 원할 때마다.

박재언: 왜 그래?

유나비: 왜 그러냐고. 네가 맨날 이딴 식으로 나한테 선 그으니까. 왜? 적당히 필요할 때마다 만나고 싶은데 내가 질척댈까 봐 겁나니? 걱정하지 마. 그럴 일 없을 테니까.

박재언: 그런 거 아니야! 지금까지 괜찮은 거 아니었어? 왜 갑자기.

유나비: 그래, 여태까지 내가 되도 않게 쿨한 척 미안. 솔직히 너 만나고 나서 주위에서 좋은 얘기 한 번도 들어본 적 없고 네가 나한테 진심 아닌 걸 뻔히 알면서도 끝까지 모른 척했어. 왜냐면, 왜냐면(마음 속 독백: 너 좋아하니까)… 근데 진짜 더 못하겠다. 우리 그만하자.

박재언: 뭐?

유나비: 어이없지. 우리 끝내고 뭐고 할 것도 없는 사이인데, 그치.

박재언: 그래, 그만하자. 선택권 너한테 있으니까.

유나비: 와 너 진짜 끝까지… 끝까지 개새끼구나!

유나비와 박재언의 관계는 이렇게 파탄난다.

그런데 여기서 유나비와 박재언의 관계, 그리고 그들 사이의 이 대화를 곰곰이 곱씹어볼 필요가 있다. 먼저 그들의 대화가 왜 '개새끼'라는 욕설까지 등장하는 언쟁으로 끝나게 되었는지를 꼼꼼히 검토해보기로 하자. 왜 유나비는 박재언에게 그렇게 화가 났던 것일까? 이에 대한 나의 답변은 그들 각각이 생각하는 그들의 관계가 서로 달랐기 때문이라는 것이다. 박재언은 유나비를 쾌락형 썸타기의 대상으로 보며, 끝까지 '친구'로 남기를 바랐다. 박재언은 분명 유나비에게 호감을 가지고 있었다. 예컨대 그는 카톡 연락처에 다른 여성들과 달리 오직 유나비만 '유나비'로 저장하였다. 그뿐만 아니라 유나비가 작품 전시회를 준비하는 과정에서 유나비의 조수가 되기를 기꺼이 자원했다. 이처럼 박재언은 유나비에게 끌리는 마음을 느꼈지만 그럼에도 그는 그 마음을 자신의 참된 자아에 포함시킴으로써 유나비와 사랑하는 연인으로 거듭나기를 고집스럽게 거부했다. 적어도 박재언과 유나비 사이에 위의 대화가 오가는 드라마의 장면까지는 그러했다. 그러면서 그는 유나비와 '친구'로 머물기를 원했다. 이는 박재언의 썸타기가 탐색형 썸타기가 아니라 쾌락형 썸타기였다는 것을 시사한다.

한편 유나비 역시 박재언에게 호감을 느꼈다는 것은 위의 대화 중에 등장한 그녀의 마음속 독백에서 분명히 확인된다. 그러나 여자 관계가 복잡하다는 소문이 자자한 박재언이었다. 유나비는 그런 소문이 나도는 박재언과 연인 관계를 맺는 것에 대하여 주저하고 망설였다. 자꾸만 박재언에게 끌리지만, 그 끌리는 마음을 어떻게 받아들여야 할지에 대하여 의지적 불확정성을 경험했다는 말이다. 그러나 박재언과 달리 유나비에게 박재언과 끝까지 '친구'로만 지내는 것은 도저히 받아들일 수 없는 상황이었다. 유나비로서는 박재언과 성관계까지 가진 만큼 그와 서로 사랑을 나누는 연인 관계로 발전할 가능성을 진지하게 고려할 수밖에 없었다는 것이다. 그렇게 그녀의 썸타기는 쾌락형 썸타기가 아니었다. 실제로 유나비는 박재연에 대한 자신의 의지적 불확정성을 해소할 목적으로 박재연에 대해서 더 많은 것을 알아보기로 작정한다. 박재언에게 '너 나 말고 이렇게 만나는 사람 또 있어?'라고 묻는 유나비의 모습은 자신의 내면에 등장하는 의지적 불확정성을 해소하기 위하여 상대방에 대한 정보를 탐색하는 이들의 전형적인 모습이다. 이는 유나비의 썸타기가 상대방과 연인 관계를 맺을 가능성을 염두에 두며 의지적 불확정성을 해소하기 위하여 상대방에 대한 정보를 수집하는 탐색형 썸타기라는 것을 의미한다.

요컨대 앞서 인용한 대화를 나누는 시점을 기준으로 박재언과 유나비는 서로 썸을 탔지만 서로 다른 유형의 썸을 탔다. 박재언은 유나비와 남남도 아니면서 연인도 아닌 '친구'로 머물기를 바랐다. 그렇게 그는 썸 자체를 위한 썸을 탔고, 따라서 나의 관점에서 그의 썸타기는 쾌락형 썸타기로 분류된다. 한편 유나비는 분명 박재언에 대하여 의지적 불확정성을 경험했지만 그 자체를 즐기는 '친구' 관계에 머물고픈 의도가 전혀 없었다. 그녀는 박재언을 더 많이 알아가면서 그러한 의지적 불확정성을 해소하고 싶었다. 그런 점에서 그녀의 썸타기는 탐색형 썸타기로 가장 적절하게 분류될 수 있다. 결과적으로 박재언과 유나비는 자신들이 경험하는 의지적 불확정성에 대하여 영향을 주고받으며 만남과 교류를 이어가는 썸타기에 임했지만 그들이 머릿속에 그리는 썸타기의 유형은 서로 다른 것이었다. 동상이몽형 썸타기의 전형적인 사례라 할 수 있다.

썸타기의
종료

지금까지 우리는 드라마 〈알고 있지만,〉을 통하여 탐색형 썸타기, 쾌락형 썸타기 등이 현실적인 상황에서 어떤 양상으로 발생하는지에 대하여 한층 생생한 이해를 얻을 수 있었다. 탐색형 썸타기와 쾌락형 썸타기는 서로 다른 목적을 갖는 활동이기에 그것들이 종료되는 방식에서 차이를 보일 수밖에 없다. 실제로 이러한 차이가 바로 유나비와 박재언이 언쟁을 한 이유라 할 수 있다. 동상이몽형 썸타기를 수행한 유나비와 박재언은 썸타기 과정에서 서로 다른 꿈을 꾸었기에 그들의 썸타기를 어떻게 종결할지를 두고 이견을 지녔고, 바로 이 이견이 그들 사이의 파국적인 언쟁을 촉발했던 것이다.

그렇다면 탐색형 썸타기와 쾌락형 썸타기는 정확히 어떻게 종결되는가? 쾌락형 썸타기의 종료는 비교적 단순한데, 썸타는 두 남녀가 어떤 이유에서든 상대방과의 썸타기로부터 더 이상 즐거움을 느끼지 못하게 되는 시점에서 그들 사이의 썸타기는 마침표를 찍게 된다. 한편 탐색형 썸타기의 종료는 한층 복잡하고 또 흥미로운데, 두 남녀의 탐색형 썸타기는 그들이 상대방에 대한 호감과 관련하여 자신들이 경험하던 의지적 불확정성으로부터 벗어나면서 종료된다. 편의를 위하여 두 남녀를 이전과 마찬가지로 '진구'와 '명신'으로 명명하자. 여기에는 몇 가지의 경우의 수가 존재한다. 그 한 경우는 진구와 명신 모두 상대방에 대한 자신의 호감을 진정한 자아의 일부로 수용하는 고차적 태도를 취하면서 썸타기가 종료되는 것이다. 진구가 자꾸만 명신에게 끌리는 마음을 자신의 내심에서 뜻하지 않게 발생하는 사건이 아니라 자신의 가장 참된 자아의 일부로 수용하는 태도를 취하고, 명신 역시 그와 유사한 태도를 취하는 것이다. 프랭크퍼트의 의지 이론에 따르면 이러한 경우 진구와 명신의 관계는 서로가 서로를 돌보고 보살피는 관계로 발전하게 되고, 그것은 그들 사이의 달콤한 연애가 본격적으로 시작됨을 의미한다.

한편 진구나 명신 중 어느 한 명이라도 앞서 이야기한 바의 고차적 태도를 취함에 있어서 실패하는 경우 그들은 연인의 관계로 발전하지 못하며 썸타기를 종료하게 된다. 명신과의 만남을 이어나가며 진구는 명신에 대한 자신의 호감이 점점 사라지는 것을 느낄 수도 있고, 혹은 그런 호감은 여전히 존재하지만 그럼에도 그것을 고집스럽게 자신의 내심에 들어온 하나의 탈법적 침입자로 간주하는 자신의 모습을 발견할 수도 있다. 그 경우 분명 진구는 명신에게 느끼는 자신의 호감과 관련한 의지적 불확정성으로부터 벗어날 수 있다. 그 호감에 대한 고차적 태도에 있어 그가 경험하던 미결정성이 해소된다는 뜻이다. 그러나 이 경우 진구는 그 미결정성을 명신을 자신의 연인으로 받아들이지 않는 방식으로 해소한다. 만약 명신 역시 진구와 유사한 방식으로 자신이 진구에 대하여 느끼던 호감과 관련한 의지적 불확정성을 해소한다면, 명신과 진구 사이의 썸타기는 그들이 서로 남남이 되는 방식으로 종지부를 찍을 것이다. 명신 역시 진구에게 느끼던 호감이 사라지든지 혹은 명신이 그 호감을 자신의 자아에서 추방하기로 결단을 내린다면, 명신과 진구가 서로 마음을 주는 연인이 아니라 서로 남남으로 갈라서며 썸타기는 종료될 것이라는 말이다. 특히 각자가 상대방을 연인으로 받아들이지 않는 방식으로 의지적 불확정성을 해소했다는 것이 명신과 진구 사이에서 하나의 공유 지식common knowledge을 형성할 때 그들의 관계는 다시 돌이키기 어렵게 멀어진다 — 공유 지식 개념은 다음 장에서 자세히 논의될 것이다.

지금까지 우리는 진구와 명신이 모두 상대방을 연인으로 받아들이는 방식으로 탐색형 썸타기를 종료하는 경우, 그리고 그들 모두 상대방을 연인으로 받아들이지 않는 방식으로 탐색형 썸타기를 종료하는 경우를 살펴보았다. 마지막으로, 진구나 명신 둘 중의 한 명은 상대방을 연인으로 받아들이는 방식으로 탐색형 썸타기를 종료하는 반면에 다른 한 명은 그렇지 않은 방식으로 탐색형 썸타기를 종료한다면 그 둘 사이의 관계는 썸타기의 관계에서 짝사랑의 관계로 전이된다. 예컨대 진구는 명신에 대하여 자신이 느끼는 호감을 진정한 자아의 일부로 수용하는 반면 명신은 진구에 대하여 자신이 느끼는 호감을 자아에서 추방한다면, 그들의 관계는 적어도 당분간 진구가 명신을 일방적으로 짝사랑하는 관계에 머물 것이다.[4]

---

4   물론 그들의 의지적 상태는 유동적이고 시간 속에서 그들의 관계가 변화할 가능성은 얼마든지 열려 있다. 진구가 명신을 향하는 자신의 마음을 끝내 몰라주는 그녀가 야속해 그 마음을 자신의 자아에서 추방하고 그 결과 진구와 명신이 완전한 남남으로 결별할 수도 있다. 아니면 자신을 좋아해주고 사랑해주는 진구의 모습이 명신의 마음을 움직일 수도 있을 것이다.

7.
나의 썸, 그대의 썸,
그리고 우리의 썸

썸타기는
사회적 행위

너무나 당연한 말이지만 썸타기는 나 혼자서 수행할 수 있는 활동이 아니다. 상대방이 있어야 한다. 내가 그 상대방과 썸탄다는 것은 내가 의지적 불확정성과 관련하여 그 상대방과 지속적인 상호작용을 거치며 서로 영향을 주고받는다는 것이다. 그런데, 아래에서 상세히 살펴보겠지만, 이렇게 복수의 사람들이 서로 영향을 주고받으며 수행하는 활동들에는 다양한 층위가 존재한다. 이는 썸타기의 본성에 대한 깊이 있는 이해를 위해 그러한 층위들을 명료하게 구분하고 나아가 각각의 층위들을 이론적으로 규명할 필요가 있다는 것을 의미한다. 그러한 구분과 규명 위에서 비로소 우리는 썸타기에서 나타나는 남녀의 상호작용에 대한 한층 완전한 이해에 도달할 수 있을 것이기 때문이다. 이런 고려에 따라 이번 장은 복수의 사람들이 서로 영향을 주고 받으며 수행하는 활동들의 층위를 구분하고, 그 층위들의 성격을 이론적으로 포착하는 시도로 채워질 것이다. 최근 마거릿 길버트Margaret Gilbert[27], 마이클 브래트먼Michael Bratman[28], 존 설John Searle[29]과 같은 일군의 철학자들이 이와 관련하여 심도 있는 연구를 진행하였고 그들의 연구가 일정한 성과를 거둔 만큼, 먼저 그들의 연구성과를 간략하게 소개하고 그것을 썸타기의 사례에 적용해보기로 하자.

먼저 사회적 활동 혹은 행위social activity or action는 행위자가 사회 속에서 다른 행위자들과 공동으로 수행하는 활동 중 가장 원초적인 형태이다. 사회적 행위는 복수의 자율적인 행위자가 물리적 혹은 심리적 상호작용 속에서 서로에게 영향을 주고받으며 수행하는 행위를 의미한다. 복수의 행위자가 함께 산책을 하거나 혹은 함께 물건을 나르거나 혹은 함께 노래를 합창하는 상황은 사회적 행위가 수행되는 대표적인 사례이다. 추후에 상세히 논하겠지만 이러한 사례에서 사회적 행위는 행위자들 사이의 협동이라는 요소를 포함하고 있다. 예컨대 여러 명의 가수들이 함께 합창을 하는 경우 가수들은 각자의 음을 맞추어 하나의 조화로운 무대를 만들기 위하여 서로 협력한다. 하지만 모든 사회적 행위가 협력의 요소를 포함하는 것은 아니다. 예컨대 길거리에서 두 사람이 사소한 일로 말싸움을 하다가 마침내 분노가 폭발하여 몸싸움을 벌인다고 가정해보자. 그들은 분명 서로에게 영향을 주고받으며 싸움에 임한다는 점에서 그들의 싸움은 사회적 행위이다. 그러나 그들의 싸움에는 어떠한 협동의 요소도 없다.

사회적 행위에 관한 논의에서 등장하는 '행위자'는 자율적인 행위자를 뜻한다는 점을 명심할 필요가 있다. 가령 지금 이 책을 쓰면서 나는 나의 컴퓨터와 서로 영향을 주고받으며 상호작용을 하지만 그러한 이유로 나의 글쓰기가 사회적 행위로 분류되지는 않는다. 컴퓨터가 온전히 자율적인 행위자가 아니기 때문이다. 마찬가지로 내가 자동차를 운전하는 경우에도 나의 운전은 나와 자동차 사이의 상호작용을 통해 수행되지만 그럼에도 자동차가 자율적인 행위자가 아닌 이상 나의 운전은 사회적 행위가 될 수 없다. 물론 최근 인공지능 기술의 발전으로 자율적 행위자의 경계가 다소 모호해진 면이 없지 않지만, 현재 논의의 맥락에서 자율적 행위자를 인간으로 국한하여도 큰 문제는 없을 것이다.

지금까지 둘 이상의 자율적 행위자들이 서로 영향을 주고받는 상호작용을 통해 수행하는 행위로 정의된 사회적 행위에 대해서 살펴보았다. 공동 행위joint action는 이러한 사회적 행위의 부분집합에 해당하는데, 그것은 행위자들 사이의 협동이라는 요소를 필수적으로 포함한다. 앞서 언급했던 길을 함께 걷기, 함께 물건을 옮기기, 함께 합창하기 등은 공동 행위의 전형적인 사례에 해당한다. 그 사례들 각각에서 행위자들은 단순히 서로에게 영향을 주고받을 뿐만 아니라 서로 조율하고 협력한다. 이러한 공동 행위는 인간 사회의 근간을 이루는데, 그것은 인간 사회의 다양한 제도나 규범들이 자율적 행위자들 사이에서의 공동 행위의 가능성을 전제하고 있기 때문이다. 예컨대 대통령 선거는 유권자들이 서로 협력하는 방식으로 한 국가의 지도자를 뽑는 공동 행위로 간주될 수 있다. 실제로 선거와 관련한 각종 법령과 제도는 오직 유권자들의 공동 행위를 통해서만 시행 가능하다. 한편 앞서 사례로 제시한 두 행인의 몸싸움은 어떠한 협동의 요소도 포함하지 않고, 그런 이유로 그것은 (분명 자율적인 행위자들 사이의 상호작용을 포함한다는 점에서 사회적 행위로 분류되지만) 공동 행위로 분류되지는 않는다.

위에서 이미 지적한 바와 같이 공동 행위는 자율적 행위자들이 서로 조율하고 협력하며 수행하는 사회적 행위이다. 그렇다면 행위자들이 서로 협력한다는 것은 정확히 무엇을 뜻하는 것일까? 이하에서 먼저 행위자들 사이의 협력이 무엇인지에 대한 이론적 분석을 제시하고, 그 분석의 기초 위에서 공동 행위에 대한 한층 심화된 이해를 모색해 보자.

사회적 행위와
공동 행위

행위자들의 협력과 관련하여 우리가 우선적으로 고려해 볼 수 있는 가설은, 복수의 행위자가 서로 협력한다는 것은 복수의 행위자가 동일한 목적을 가지고 사회적으로 상호작용하는 것이라는 가설이다. 서로 협력하는 행위자들은 동일한 목적을 갖고 서로 상호작용하고, 그런 한에서 그들의 행위는 공동 행위가 된다는 가설이 그것이다. 길을 함께 걷는 이들은 모두 길을 걷는다는 동일한 목적을 갖고, 물건을 함께 옮기는 이들은 모두 물건을 옮긴다는 동일한 목적을 갖고, 노래를 합창하는 이들은 모두 노래를 부른다는 동일한 목적을 갖는다. 한편 몸싸움에 임하는 두 행인 A와 B는 동일한 목적을 갖지 않는다. A의 목적은 B를 때려눕히는 것인 한편 B의 목적은 A를 때려눕히는 것이기 때문이다. 서로 다른 목적을 갖는다는 뜻이다. 이런 점에서 복수의 행위자 사이에서 협력은 오직 그 행위자들이 동일한 목적을 갖는다는 조건이 만족될 때 발생한다는 가설을 고려해 볼 수 있다.

그러나 복수의 행위자가 동일한 목적을 갖는다는 것은 그들 사이에 협력이 발생할 조건이 되기에는 너무 약하다. 행인 A가 광화문을 목적지로 하여 지하철을 탄다고 가정해보자. 그리고, 지하철에서 행인 A 옆 좌석에 앉아 있는 행인 B도 마침 광화문에 갈 목적으로 지하철을 이용한다고 가정해보자. 마지막으로 두 행인은 서로 안면이 전혀 없는 생면부지의 관계라 가정해보자. 이러한 가정 아래에서 분명 두 행인은 광화문에 간다는 동일한 목적 아래 지하철을 탄다. 그러나 그럼에도 불구하고 그들이 함께 광화문에 간다고 말하는 것은 매우 어색하다. 그들은 단지 광화문에 간다는 동일한 목적으로 지하철을 탔을 뿐 그들의 행위에는 어떠한 협력의 요소도 없기 때문이다.

이 지점에서 마거릿 길버트[30]는 한 가지 흥미로운 제안을 하는데, 그에 따르면 복수의 행위자 사이에서 협력이 발생하기 위해서는 단순히 그들이 동일한 목적을 가져야 할 뿐만 아니라 그들이 동일한 목적을 갖는다는 것을 서로가 알아야 한다. 오직 그 행위자들이 서로 동일한 목적을 갖는다는 것을 서로 알고 있을 때, 그렇게 그들이 동일한 목적을 서로 공유할 때 그들 사이의 적절한 조율과 협력이 가능하고, 오직 그러한 조율과 협력이 가능할 때 공동 행위가 발생할 수 있다는 것이다. 바로 이 지점에서 현대 게임 이론game theory의 핵심 개념 중 하나인 공유 지식common knowledge 개념이 등장한다.

먼저 일상의 사례를 통하여 공유 지식이 무엇인지에 대한 개략적인 이해를 얻어보자. 횡단보도의 신호등이 붉은색에서 녹색으로 변한 이후 나는 횡단보도를 건너기 시작한다. 저기 멀리서 자동차들이 빠른 속도로 횡단보도를 향해 달려오는 것을 보면서도 나는 아무런 걱정이 없다. 왜 그런가? 나는 그 자동차들이 곧 횡단보도 앞에서 정지할 것이라고 확신하고 있기 때문이다. 그렇다면 그러한 나의 확신은 어디에 근거하고 있는가? 바로 자동차 운전자들이 보행자 신호에서 정차해야 한다는 교통 법규를 알고 있을 뿐만 아니라 그들이 그러한 교통 법규를 안다는 것을 내가 알고 있기 때문이다. 나는 자동차 운전자들이 교통 법규를 알고 있다는 것을 알고 있다. 실상 자동차 운전자들 역시 내가 교통 법규를 알고 있다는 것을 알고 있고, 그런 이유로 그들은 횡단보도의 신호가 바뀌자마자 보행자인 내가 다시 차도로 뛰어들어올 가능성을 염려하지 않고 힘차게 액셀을 밟는다.

명제 P, 그리고 행위자 A와 행위자 B에 대하여 다음과 같은 무한한 조건이 성립할 때 P는 A와 B 사이에서 공유 지식을 형성한

다.[31]

(1) A도 P를 알고 있고 B도 P를 알고 있다(A knows P; and B knows P).

(2) A는 B가 P를 알고 있다는 것을 알고 있고, B는 A가 P를 알고 있다는 것을 알고 있다(A knows that B knows P; and B knows that A knows P).

(3) A는 B가 A가 P를 알고 있다는 것을 알고 있다는 것을 알고 있고 B는 A가 B가 P를 알고 있다는 것을 알고 있다는 것을 알고 있다(A knows that B knows that A knows P; and B knows that A knows that B knows P).

(4) A는 B가 A가 B가 A가 P를 알고 있다는 것을⋯ (A knows that B knows that A knows that B knows P; and B knows that A knows that B knows that A knows P).

(⋯)

자동차 운전자들은 내가 교통 법규를 알고 있다는 것에 대하여 지식을 가질 뿐만 아니라 내가 자동차 운전자들이 그러한 지식을 갖는다는 것을 알고 있다는 것 역시 알고 있다. 마찬가지로 나는 자동차 운전자들이 교통 법규를 알고 있다는 것에 대하여 지식을 가질 뿐만 아니라 그들이 내가 그러한 지식을 가지고 있다는 것을 알고 있다는 것 역시 알고 있다. 일반적으로 보행자와 운전자 사이에서는 교통 법규에 대한 공유 지식이 존재하고, 그러한 공유 지식 덕분에 그들 사이에 보행이나 운전과 관련한 협력과 조율이 가능하다. 바로 이러한 협력과 조율 덕분에 우리는 교통사고에 대한 염려 없이 안심하고 길거리를 다닐 수 있는 것이다.

공유 지식 개념이 다소 난해한 만큼 또 다른 사례로 그 개념을 설명해 보자. 이 사례는 공유 지식에 관한 논의에서 꽤 유명한 사례이다.[32] 대규모 할인 행사를 맞아 백화점을 찾은 부부 병현과 정혜가 쇼핑에 몰두한 나머지 백화점에서 서로를 잃어버렸다고 가정해보자. 만원의 인파가 북적이던 백화점에서 서로를 찾아 헤매던 병현은 한참의 헛수고 끝에 곰곰이 생각을 하기 시작한다. 그러던 중 평소 백화점을 방문할 때마다 고집스럽게 1층의 화장품 매장을 찾던 정혜의 모습이 떠올랐다. 그렇게 병현은 정혜가 1층의 화장품 매장을 방문하는 것을 즐긴다는 것을 알고 있었다. 편의를 위해서 정혜가 화장품 매장을 방문하는 것을 즐긴다는 명제를 'P'라 명명하자. 병현은 P를 알고 있지만 그것만으로는 병현이 정혜를 찾아 1층의 화장품 매장으로 갈 충분한 이유가 되지 못한다. 평소 정혜가 화장품 매장을 방문하는 것은 분명하지만 지금 발 디딜 틈도 없는 백화점에서 서로를 찾아 헤매는 상황에 정혜가 1층으로 간다는 보장이 없기 때문이다. 그런데 이 지점에서 병현에게 한 가지 생각이 더 떠오른다. 바로 병현이 P를 알고 있다는 것을 정혜가 알고 있다는 것이다. 즉 병현은 정혜가 화장품 매장을 방문하는 것을 즐긴다는 것을 병현이 알고 있다는 것을 정혜가 알고 있다는 것을 알고 있다. 정혜가 병현이 P를 알고 있다는 것을 알고 있는 이상 정혜 역시 병현을 찾아서 1층으로 갈 가능성이 높다. 병현이 이를 인식하는 순간 병현 역시 정혜를 찾아 1층으로 향할 것이다. 그런데 병현이 이러한 추리를 할 것이라는 것을 정혜 역시 예상할 것이고, 그에 따라서 정혜 역시 병현을 찾아 1층으로 향할 것이다. 그렇게 병현과 정혜는 1층에서 재회하게 된다.

여기서 우리가 주목해야 할 점은 P가 병현과 정혜 사이에서 공유 지식을 형성한다는 사실이 그들이 서로를 찾아 재회하는 과정에서 결정적 역할을 한다는 것이다. 앞서 간략히 언급한 바와 같이 만약 병현이 P를 알고 있지만 병현이 P를 알고 있다는 것을 정혜가 알고 있다는 것을 병현이 알지 못한다면 병현은 정혜를 찾기 위하여 1층으로 향할지 말지에 대해서 확신을 갖지 못할 것이다. 그와 유사한 추리가 정혜에게도 적용된다. 병현과 정혜가 1층에서 재회할 수 있었던 것은 정혜가 화장품 매장을 즐겨 찾는다는 명제가 병현과 정혜 사이에서 공유 지식을 형성한 덕분이라는 것을 뜻한다.

위의 사례들이 예시하는 바와 같이 인간 사회의 다양한 현상을 설명함에 있어서 공유 지식 개념은 가히 필수적이라 하겠다. 그런데 이러한 공유 지식 개념을 활용하여 함께 걷기, 함께 물건 옮기기, 함께 합창하기 등과 같은 공동 행위를 포착하는 것이 가능할까? 앞서 나는 광화문을 향하는 두 행인 A와 B의 사례에서 그들이 광화문을 간다는 동일한 목적을 갖지만 그럼에도 그들의 행위는 공동 행위로 간주될 수 없다고 주장한 바 있다. 공유 지식 개념은 이러한 주장에 대한 이론적인 뒷받침을 제공한다. 비록 두 행인 A와 B는 광화문을 간다는 동일한 목적을 갖지만, 그럼에도 그들이 동일한 목적을 갖는다는 사실은 그들 사이에서 공유 지식을 형성하지 못하기 때문이다. 행인 A는 행인 B의 목적지가 광화문이라는 것을, 행인 B는 행인 A의 목적지가 광화문이라는 것을 알지 못한다. 그런 점에서 비록 그들은 동일한 목적지에 가기 위해 지하철을 이용하지만 그럼에도 그러한 목적은 그들 사이에서 공유되지 않는다. 이처럼 두 행인 사이에 여행 목적에 대한 공유 지식이 존재하지 않고, 그것은 왜 그들의 개별적인 행위 사이에 협력이 발생하지 않는지를 설명한다. 그들의 행위가 공동 행위가 되지 못하는 이유이다.

공동 행위를 여타의 사회적 행위들로부터 어떻게 구분할 것인가라는 질문과 관련하여 공유 지식 개념은 새로운 돌파구를 마련해주는 것처럼 보인다. 공유 지식은 복수의 행위자가 각자의 행위를 서로 조율하고 협력할 수 있는 토대를 제공하기 때문이다. 이는 복수의 행위자들 사이에서 행위의 목적에 대한 공유 지식이 형성되지 않는 한 그들이 공동 행위를 수행할 가능성이 없다는 것을 뜻한다. 그러한 공유 지식의 존재가 공동 행위가 가능하기 위한 필요 조건이라는 것이다.

이 지점에서 공유 지식의 존재가 공동 행위가 가능하기 위한 필요 조건이 될 뿐만 아니라 충분 조건도 되는 것인지가 궁금해진다. 이에 대하여 공동 행위를 연구하는 대다수의 학자들은 부정적인 답변을 내놓는다. 우리가 공유 지식 개념을 통해서 공동 행위의 본성에 관하여 한층 심도 있는 이해에 도달할 수 있는 것은 분명하지만 그럼에도 그 개념만으로는 공동 행위를 완벽하게 포착할 수는 없다고 그들은 조언한다.

이를 좀 더 자세히 살펴보기 위하여 존 설[33]이 제시한 다음의 사례를 고려해보자. 공원에서 행락객들이 소풍을 즐기고 있는데 갑자기 강한 소나기가 내린다. 공원에서 비를 피할 수 있는 곳은 공원 중앙에 위치한 작은 관리소가 유일하다. 그 상황에서 행락객들은 일제히 관리소를 향해 달릴 것이다. 그렇게 소나기를 피할 목적으로 관리소를 향해 달리던 행락객 중 A와 B가 우연히 눈을 서로 마주쳤다고 가정해보자. 관리소를 향해 달리는 서로의 모습을 목격한다는 것이다. 이 경우 두 행락객 A와 B는 소나기를 피한다는 목적에 관한 공유 지식을 갖는 것처럼 보인다. 관리소를 향해 달려가는 B의 모습을 보며 A는 B가 소나기를 피할 목적으로 관리소를 향해 달린다는 지식을 갖게 될 것이다. 마찬가지로 B 역시 A가 소나기를 피할 목적으로 관리소를 향해 달린다는 지식을 갖게 된다. 그런데 이뿐이 아니다. A는 A 자신이 소나기를 피할 목적으로 관리소를 향해 달린다는 것을 B가 알고 있다는 것을 알고 있다. 마찬가지로 B 역시 B 자신이 소나기를 피할 목적으로 관리소를 향해 달린다는 것을 A가 알고 있다는 것을 알고 있다. 이러한 추론을 통해서 A와 B 각각이 소나기를 피할 목적으로 관리소를 향해 달린다는 사실에 관해 A와 B 사이에 공유 지식이 형성된다는 것을 어렵지 않게 추론할 수 있다.

이 지점에서 우리가 질문해야 할 것은, 관리소를 향해 달리는 행위의 목적에 대한 공유 지식이 A와 B 사이에 형성된 상황에서 A와 B의 행위가 과연 공동 행위인지 여부이다. 이에 대한 우리의 상식적 판단은 비교적 분명한데, 그것은 그들의 행위가 공동 행위가 아니라는 것이다. 두 행락객 A와 B는 우연히 같은 시점에 같은 공원에서 소풍을 즐겼을 뿐이고, 관리소를 향해 달리는 그들의 행위 사이에는 어떠한 조율이나 협력도 존재하지 않는다. 실제로 존 설은 행락객 A와 B의 사례를 다음의 사례와 대비하며 A와 B의 행위가 공동 행위가 아니라는 우리의 판단에 힘을 싣는다. 어떤 온라인 커뮤니티의 회원들이 공원에서 소풍을 즐기다 사전에 약속된 시점이 되면 관리소를 향해 뛰어가는 플래시몹flash mob을 실행한다고 상상해보자. 여기서 커뮤니티 회원들은 온라인에서만 주로 활동을 하기에 공원에서 서로를 알아보지 못한다고 가정하자. 이 지점에서 우리가 눈여겨봐야 할 점은 행위자들의 행위나 지식 측면에서 커뮤니티 회원들의 플래시몹 사례와 앞서 소개한 두 행락객의 사례 사이에는 어떠한 차이도 없다는 것이다. 그 두 사례 모두에서 일군의 행위자들은 어느 시점에 관리소를 향하여 질주하고, 나아가 그들 사이에서 질주의 목적에 대한 공유 지식이 형성된다. 두 행락객 사례에서 그 두 행락객이 각자의 질주 목적에 대하여 공유 지식을 갖는다는 것은 앞서 이미 확인한 바이다. 플래시몹에 참여하는 커뮤니티 회원들 사이에서 질주의 목적에 대한 공유 지식이 존재한다는 논점은 한층 자명하다. 그들 사이에는 공원에서 사전에 약속된 시점에 관리소로 질주한다는 규칙이 공유되어 있는 상태이기 때문이다. 이처럼 커뮤니티 회원들의 플래시몹 사례와 두 행락객 사례는 중요한 측면에서 유사성을 지닌다고 볼 수 있다.

이 지점에서 우리가 직면하는 질문은 과연 커뮤니티 회원들의 플래시몹 사례에서 그 회원들이 특정한 시점에 관리소를 향해 질주하는 행위가 공동 행위인지 여부이다. 존 설은 그렇다고 본다. 그리고 나 역시 이러한 존 설의 판단에 동의한다. 위에서 소개한 두 행락객의 사례에서와 달리 커뮤니티 회원들의 플래시몹 사례에서는 공동 행위가 발생한다는 것이다. 비록 행위자들의 행위나 지식의 측면에서 두 사례 사이에 아무런 차이가 없지만 말이다.

일단 두 행락객의 사례에서는 공동 행위가 발생하지 않는 반면에 커뮤니티 회원들의 플래시몹 사례에서는 공동 행위가 발생한다는 판단이 옳다고 가정할 때 우리에겐 새로운 문제가 주어진다. 그것은 커뮤니티 회원들의 플래시몹 사례와 두 행락객의 사례 사이에 어떤 차이가 있는지를 분명히 밝히는 것, 그리고 그 차이에 근거하여 왜 커뮤니티 회원들의 플래시몹 사례에서는 공동 행위가 발생하지만 두 행락객의 사례에서는 공동 행위가 발생하지 않는지를 설명하는 것이다. 이 두 가지 문제 모두 이 책에서 다루기에는 너무나 난해한 주제다. 여기서는 플래시몹에 참여하는 커뮤니티 회원들의 행위는 다른 회원들과 서로 조율하고 협력하여 하나의 공동 목적을 성취하려는 의도participatory intention에 의해서 수행된 반면 두 행락객의 사례에서는 그러한 의도가 존재하지 않는다는 관찰이 최근 학계에서 큰 주목을 받고 있다는 점만을 지적하자.[34]

두 행락객의 사례와 커뮤니티 회원들의 플래시몹 사례는 공유 지식의 존재 여부가 일군의 행위자들의 행위가 공동 행위인지 아닌지를 판단함에 있어 결정적인 기준이 되지는 못한다는 것을 증명한다. 두 사례 모두에서 행위자들 사이에 질주의 목적에 대한 공유 지식이 형성되지만 그럼에도 한 사례에서는 공동 행위가 발생하는 한편 다른 한 사례에서 공동 행위가 발생하지 않기 때문이다. 그 두 사례의 핵심적 차이는 행위자들이 자신들의 행위를 서로 조율하고 협력함으로써 함께 공동의 목적을 성취하려는 의도를 갖는지 여부에 있다.

썸타기는
공동 행위일까

　　　　　　　　지금까지 우리는 공유 지식에
대한, 그리고 공유 지식과 공동 행위의 관계에 관한 최근 철학계
의 연구를 간략히 알아보았다. 이제 이러한 학계의 연구성과를
활용하여 썸타기의 본성에 대하여 좀 더 심도 있는 탐구를 시도
해보자.

　먼저 두 남녀가 만남과 교류를 이어가며 썸타기에 돌입할 때
그들의 썸타기가 공동 행위인지에 대하여, 그들 사이에 만남의
성격에 대한 공유 지식이 형성되는지에 대하여 생각해보기로
하자. 진구와 명신이 첫 만남 이후 카톡이나 페이스북 등 다양한
통로를 통해서 서로 교류하면서 썸타기에 돌입할 때, 진구와 명
신의 썸타기는 함께 걷기, 함께 물건을 옮기기, 함께 합창하기와
같은 공동 행위일까? 결론부터 말하자면, 지극히 예외적인 경우
를 제외한 대부분의 경우 썸타기는 공동 행위에 해당하지 않는
다. 무엇보다 썸타는 남녀는 상대방이 내가 좋아하는 스타일인
지, 상대방이 나에게 진정 호감이 있는지, 상대방이 나와 만남을
이어나가는 의도가 무엇인지 등에 대하여 무지하고, 그 무지에
의해 야기되는 의지적 불확정성을 즐기거나(쾌락형 썸타기) 혹은
극복하려는(탐색형 썸타기) 이들이다. 썸타는 남녀의 관계는 대
개 서로에 대하여 모르는 것이 많은, 아직은 서먹서먹하고 낯선

관계이기에 그들 사이에 만남의 목적에 관한 공유 지식이 존재하는 경우가 드문 것은 어쩌면 당연하다. 앞서 우리는 공동 행위의 경우 그 참여자들 사이에서 행위의 목적에 대한 공유 지식이 형성된다는 것을 알 수 있었다. 그러나 썸남썸녀 사이에는 왜 그들이 만남을 지속하는지에 대한 공유 지식이 형성되지 않는 경우가 대부분이다. 박재언이 왜 자신과의 만남을 지속하는지가 유나비에게 분명치 않고, 또 유나비가 왜 자신과 만남을 지속하는지가 박재언에게 분명치 않다. 박재언과 유나비가 서로 만남을 이어가지만 그럼에도 그런 만남을 이어가는 박재언의 이유나 혹은 유나비의 이유가 둘 사이에서 공유되지 않는다는 뜻이다. 따라서 둘의 만남의 목적이 그 둘 사이에서 공유 지식을 형성하지 못한다. 이처럼 썸타는 남녀 사이에는 만남의 목적에 대한 공유 지식이 형성되지 않고, 그런 이유로 그들의 썸타기는 공동 행위가 되지 못한다.

물론 썸타는 남녀 사이에 그러한 공유 지식이 형성되고, 그에 따라 썸타기가 그들 사이의 공동 행위가 되는 아주 예외적인 상황이 불가능하지는 않을 것이다. 특히 마치 남녀가 '오늘부터 1일이다'라고 명시적으로 발화하며 본격적인 연애를 시작하는 것과 같이 썸타는 남녀가 '오늘부터 우리는 썸만 타는 거야'라고 발화하며 썸타기를 시작하는 상황을 상상할 수도 있다. 이 경우 그(녀)의 발화는 그 둘이 쾌락형 썸타기에 임하는 관계라는, 그들이 만남을 갖는 목적은 썸타기 자체를 즐기는 것이라는 공유 지식을 만들어낸다. 이처럼 만남의 목적에 대한 공유 지식이 존재하는 조건 아래에서 두 남녀가 썸타는 것이 불가능하지 않다. 다만 그런 경우는 아주 드물고 대다수의 경우에는 만남의 목적에 대한 공유 지식이 없는 상황에서 청춘 남녀가 썸타기에 돌입한다는 것이 나의 추측이다. 그러한 대다수의 경우 썸타기는 공동 행위가 되지 못하는데, 앞서 지적한 바와 같이 공유 지식의 존재는 공동 행위가 발생하기 위한 필요 조건이기 때문이다. 많은 경우 썸타기는 공동 행위가 되지 못하지만 그럼에도 썸타는 두 남녀는 서로 물리적으로 혹은 심리적으로 영향을 주고받은 자율적인 행위자라는 점에서 썸타기가 사회적 행위라는 것은 분명하다. 그러므로 대부분의 썸타기는 공동 행위의 범주에서 배제되는 유형의 사회적 행위로 분류되어야 할 것이다.

썸타기가 공동 행위가 아니라는 위의 결론은 상식적으로 큰 설득력을 갖는데, 분명 썸타는 남녀는 서로 자신들의 의지적 불확정성과 관련하여 영향을 주고받기는 하지만 그럼에도 많은 경우 그들이 함께 힘을 합쳐서 무엇인가를 성취하려는 모습을 보이지는 않기 때문이다. 썸타는 남녀 각자의 일차적 관심은 자기 자신의 의지적 불확정성을 즐기거나(쾌락형 썸타기) 혹은 의지적 불확정성을 극복하는(탐색형 썸타기) 것일 뿐, 남녀가 공유하는 어떤 목적이 존재하고 또 그들이 그것을 함께 성취하려는 의도를 지닌다고 볼 수 없기 때문이다. 그런 점에서 그것은 함께 산책하기, 함께 물건을 옮기기, 함께 합창하기와는 매우 다른 성격의 활동이라는 것을 부인하기 힘들다. 이러한 나의 논점은 공동 행위에 대한 마거릿 길버트의 다음 서술과 일맥상통한다.

> 무엇이 공동 행위[두 행위자가 함께 걷는 행위]에서 핵심적인 요소인가? 나는 두 행위자가 상대방에게 그들이 함께 걷는다는 목적을 성취함에 있어서 상대방과 기꺼이 협력할 의사를 상대방에게 명료하게 알리는 것이 그러한 핵심적 요소라고 제안하였다. (…) 두 행위자가 함께 걷기 위해서 각각의 행위자는 그들이 함께 걷는다는 목적을 성취하기 위한 복합적 주체plural subject를 상대방과 함께 형성할 의사를 명시적으로 표현해야 한다. 여기서 '복합적 주체'는 내가 새롭게 고안한 용어인데, 그러한 복합적 주체를 형성하려는 의사가 두 행위자에 의해서 명시적으로 표현되고, 나아가 그들 사이에 적절한 공유 지식이 존재할 때 그들 각각은 함께 걷는다는 목적을 달성하기 위해 노력하는 하나의 복합적 주체의 부분으로 기능한다. 이에 따라 우리는, 적절한 공유 지식의 존재와 함께 상대방과 걷고자 하는 의사의 표현이 함께 걷는다는 목적을 갖는 복합적 주체의 존재에 대한 논리적 충분 조건이 된다고 간주할 수 있다.[35]

이러한 길버트의 제안을 썸타기에 적용해보자. 썸타는 두 남녀가 그들이 만남을 이어가는 목적에 대하여 상대방에게 명시적으로건 암묵적으로건 표현하는 경우는 드물다. 그들은 만남의 목적에 대해서 적당히 얼버무리며 함께 영화도 보고 함께 식사도 하며 소소한 일상에 대한 담소를 나눈다. 그렇게 그들은 다소 어색하지만 그럼에도 설렘 가득한 만남을 이어간다. 그러다 만남의 성격에 대한 이견으로 실망하거나 낙담하는 경우도 종종 발생한다. 나는 그(녀)와 연인이 될 가능성을 염두에 두고 탐색형 썸타기의 일환으로 만남을 이어가며 동시에 그(녀) 역시 나와 비슷하게 탐색형 썸타기의 일환으로 나와의 만남을 이어간다고 추측한다. 그러나 어떤 사건을 계기로 나는 그(녀)가 사실은 탐색형 썸타기가 아니라 어장관리 혹은 쾌락형 썸타기의 일환으로 나를 만난다는 것을 깨닫게 되고, 그 결과 나는 그(녀)에 대해서 무척 실망하고 때론 분노를 느끼기도 한다. 이런 상황이 가능한 이유는 썸타는 남녀가, 아주 예외적인 경우를 제외하고, 만남을 이어가는 자신들의 목적에 대하여 명시적으로 혹은 암묵적으로 상대편에게 표현하지 않기 때문이다. 만일 그처럼 상대방에게 만남의 목적을 표현하지 않는다면 썸타는 남녀가 공동의 목적을 성취하기 위하여 함께 협력하는, 길버트가 정의한 바의 복합적 주체를 형성할 가능성은 사실상 난망하다. 썸타기가 공동 행위가 아니라는 나의 판단이 길버트의 이론에 의해 뒷받침되는 대목이다.

썸타기에는 없고
연애에는 있는 것

썸타기와 달리 연애는 많은 경우 사회적 행위를 넘어 공동 행위의 지위를 갖는다는 사실은 흥미롭다. 연애하는 남녀들은 대개 교제의 목적에 대한 공유 지식을 가질 뿐만 아니라 그 목적을 성취하기 위하여 서로 함께 힘을 합칠 것이라는 의사를 가지고 있고, 나아가 그러한 의사를 상대방에게 명확하게 표현하기 때문이다. 그러한 의미에서 연애하는 두 남녀는 길버트가 정의한 바의 복합적 주체를 형성한다. 이와 관련하여 연애에 대해서도 앞서 소개한 파이비치와 갤러거가 제시한 최종-목적 행위와 경로-목적 행위의 구분을 도입하는 것이 가능하다. 최종-목적 연애와 경로-목적 연애를 구분하는 게 가능하다는 것이다. 남녀가 서로 교제하고 사랑을 나누는 것 자체를 즐길 목적으로 연애 관계를 맺는 경우가 경로-목적 행위로 분류된다면, 맞선으로 첫 만남을 가진 두 남녀가 결혼을 전제로 데이트를 지속하는 경우는 최종-목적 행위로 분류되어야 할 것이다. 물론 썸타기의 경우와 마찬가지로 오직 경로 목적만 존재하고 최종 목적이 아예 존재하지 않는 연애, 그리고 오직 최종 목적만 존재하고 경로 목적은 일절 존재하지 않는 연애는 어떤 연속적인 스펙트럼의 양극단으로 간주되어야 할 것이다. 대부분의 연애는 최종-목적 행위의 성격도 일부 가지면서 경로-목적 행위의 성격 역시 일부 가질 것이기 때문이다. 연애하는 두 남녀는 연애 자체를 즐기면서 동시에 그러한 연애를 통하여 결혼에 골인하는 것과 같은 어떤 다른 목적을 달성하는 것을 의도할 수도 있다는 것이다.

정확한 시점을 특정하기는 힘들지만 대략 지난 세기 말을 전후해 한국 사회는 연애와 결혼의 관계에 대한 인식에서 큰 변화를 겪게 된다. 그 이전까지 남녀 간의 연애는 결혼을 위해 어쩔 수 없이 거쳐야만 하는 의례쯤으로 간주되기 일쑤였다. 결혼을 할 배우자를 찾는 것이 연애의 가장 중요한 목적이었기에 연인은 곧 미래의 배우자였다. 이 시기 연애는 결혼이라는 최종 목적을 갖는, 최종-목적 행위의 성격을 띠었다. 그러나 이러한 사회적 인식은 지난 세기 말을 거치며 급격히 변화했는데, 연애와 결혼은 별개의 사안이라는 인식이 한국인들 사이에서 폭넓게 수용되기 시작했던 것이다. '연애 따로 결혼 따로'라는 말이 나오기 시작한 것도 이때쯤이다. 실제로 1997년 박요한이라는 가수가 '결혼 따로 연애 따로'라는 제목의 대중가요를 발표하기도 했다. 이 글을 쓰고 있는 2022년 한국 사회에서는 연애와 결혼은 별개라는 인식이 '결혼은 현실'이라는 모토 아래 젊은이들 사이에서 완전히 안착했다고 말해도 무방할 듯하다. 한국 사회의 청춘 남녀들은 이제 더 이상 연애가 결혼을 위한 필수 코스라고 생각하지도 않고 연애 상대가 반드시 결혼 상대여야 한다고 생각하지도 않는다.[36] 과거에는 연애가 결혼이라는 최종 목적에 도달하기 위해 수행되는 최종-목적 행위로만 인식되었다면 이제는 연애가 그(녀)와의 알콩달콩한 만남에서 오는 즐거움 자체가 목적이 되는 경로-목적 행위로 인식되기 시작했다는 것을 뜻한다.

앞서 썸타기에 관한 논의에서 우리는 썸타는 남녀가 서로 다른 목적을 성취할 의도로 썸타기에 임하는 경우가 존재하고, 그러한 경우를 '동상이몽형 썸타기'로 명명하였다. 유나비와 박재언은 공히 상대방에 대한 호감과 관련하여 의지적 불확정성을 경험하며 상대방과 썸타기에 임하지만 유나비는 자신과 박재언 사이의 썸타기를 탐색형 썸타기로 이해한 반면 박재언은 자신과 유나비 사이의 썸타기를 쾌락형 썸타기로 이해하였다. 이런 동상이몽형 썸타기가 흔한 이유는 썸타는 남녀들이 보통 만남의 목적에 대해 충분한 공감대를 형성하지 못한 상태에서 썸타기에 임하기 때문이다. 그렇게 두 남녀가 그들 사이에 만남의 목적에 대한 공감대가 부재한 상황에서 서로 다른 목적을 위하여 썸타기에 임할 때 동상이몽형 썸타기가 발생한다.

그렇다면 동상이몽형 연애는 어떨까? 동상이몽형 썸타기가 가능한 것처럼 동상이몽형 연애 역시 가능할까? 불가능하지는 않을 듯하다. 앞서 우리는 최근 젊은이들 사이에서 '사랑 따로 결혼 따로'라는 인식이 폭넓게 퍼져있다는 것을 알 수 있었다. 연애와 결혼에 대한 이런 새로운 인식이 연애는 결혼으로 가는 길의 정거장이라는, 연애와 결혼에 대한 전통적인 인식과 부딪

히는 지점에서 동상이몽형 연애는 발생한다. 결혼에 아무런 관심이 없는 나는 그(녀)를 단순히 연애를 위한 연애의 상대로만 바라보는 반면, 결혼과 연애에 대한 전통적 관념을 고수하는 그(녀)는 나와의 결혼을 염두에 두고 나와의 연애에 임하는 경우가 그에 해당한다. 이 경우 나에게 그(녀)와의 연애는 경로-목적 행위인 반면 그(녀)에게 나와의 연애는 최종-목적 행위이다. 동상이몽형 연애라는 말이다.

이처럼 동상이몽형 연애가 불가능하지 않지만 그럼에도 현실에서는 동상이몽형 연애가 드물다는 것이 나의 추측이다. 썸타는 남녀와 달리 연애하는 남녀들은 삶의 많은 부분을 서로 공유하는 만큼 교제의 목적에 대한 속 깊은 공감대를 형성할 가능성이 높기 때문이다. 연인들 사이에는 단순히 교제 자체를 즐기기 위하여 교제를 하는 것인지 아니면 결혼과 같은 어떤 다른 목적을 염두에 두고 교제를 하는지에 대하여 속 깊은 (명시적 혹은 암묵적) 교감이 있을 가능성이 높다는 것이다. 첫사랑에 막 눈뜬 대학생 연인들의 연애는 연애 자체가 목적인 경로-목적 행위로 분류될 수 있을 것이다. 특히 요즘처럼 결혼 연령이 훌쩍 높아진 시대에서, 그리고 '사랑 따로 결혼 따로'의 연애 문화가 정착된 시대에서, 대학생 연인들은 자신들이 연애하는 이유가 연애 그 자체를 즐기기 위해서일 뿐 결혼과 같은 어떤 다른 목적을 성취하기 위한 것이 아니라는 것을 서로 명시적으로 말하지 않아도 다 알고 있다. 그뿐만 아니라 상대방이 그것을 알고 있다는 것 역시 서로 알고 있다. 이처럼 요즘 시대의 대학생 연인들은 자신들의 연애가 경로-목적 행위라는 것에 대해 공유 지식을 갖는다. 그뿐 아니라 그러한 경로 목적을 달성하기 위해 서로 기꺼이 협력할 의사를 상대에게 명시적으로 표현하고, 나아가 실제로 그렇게 협력한다. 서로의 기념일을 챙기고, 맛집을 함께 찾고, 여행을 함께 떠나는 것과 같은 활동을 통해서 그들은 자신들이 연애하는 매 순간을 행복과 기쁨이 가득한 순간으로 만들기 위하여 서로 최선을 다해 힘을 합친다. 요약하자면 경로-목적 연애에 임하는 두 연인 사이에는 대개 교제의 목적에 대한 공유 지식이 존재할 뿐만 아니라 그들은 그러한 교제의 목적을 성취하기 위해 서로 소통하고 협력한다. 이는 그들의 연애가 단순히 사회적 행위가 아니라 공동 행위라는 것을, 그 행위에 있어서 그들은 마거릿 길버트가 제시한 의미의 복합적 주체를 형성한다는 것을 의미한다. 동일한 결론을 최종 목적을 갖는 연애에 대해서도 이끌어낼 수 있다.

서로 썸타는 두 남녀는 아직은 서로 어색하고 서먹서먹할 개연성이 높고, 그런 이유로 그들의 썸타기가 어떤 공통된 목적을 위하여 힘을 합치는 공동 행위가 되지 못하는 경우가 다반사이다. 이에 반해서 서로 연애하는 연인들은 상대적으로 긴 시간 동안 서로 교류를 지속하면서 높은 수준의 친밀도를 유지할 개연성이 높고, 그런 이유로 그들은 교제의 목적을 공유하며 그 목적을 달성하기 위하여 서로 조율하고 협력하는 모습을 보일 공산이 크다. 이런 고려에 따라 썸타기는 많은 경우 공동 행위의 범주에 속하지 못하고 단지 사회적 행위의 범주에 머무는 한편 연애는 많은 경우 사회적 행위의 범주에 속할 뿐만 아니라 공동 행위의 범주에도 속한다고 나는 생각한다.

'오늘부터 1일'의
철학적 의미

이번 장을 마치기 전에 이 책의 핵심 주제에서 살짝 벗어나지만 그럼에도 최근의 젊은이들 사이에서 새로운 연애 풍습으로 자리 잡은 '오늘부터 1일이다'라는 발화에 대해서 잠시 사색해 보기로 하자. 철학적으로 중요하기 때문이다.

언젠가부터 이 땅의 청춘들은 '오늘부터 1일이다'라고 말하며 연애의 시작을 공식화한다. 2022년 현재 50대인 내가 청춘사업에 한창이던 시절, 그러니까 20~30년 전만 해도 누군가 연애를 시작하며 그런 말을 했다면 참으로 괴이한 사람이라는 평을 들어야 했을 것이다. 우리 세대의 연애담에서는 남녀가 산책을 하다 한쪽이 다른 쪽의 손을 슬며시 잡으며 혹은 술김에 포옹을 하며 혹은 한쪽이 은근한 말로 상대방에게 끌리는 마음을 표현하며 연애가 시작되었다. 2001년 개봉한 영화 〈봄날은 간다〉에서 한은수(이영애 분)와 이상우(유지태 분)가 본격적인 연인이 되기 전에 나눈 대화는 "라면 먹을래요?"와 "자고 갈래요?"라는 한은수의 말이 전부였다. 그들 사이에 연애를 공식화하는 어떠한 선언도 존재하지 않았다. 그랬던 것이 지난 십여 년 사이 어떤 연유에서인지는 모르지만 젊은이들 사이에서 연애의 개시를 공식화하는 문화가 자리 잡았다. 젊은이들은 왜 '오늘부터 1일이다'라는 말을 사용하여 연애의 시작을 공식화하기 시작했을까? 혹은 왜 젊은이들은 그런 말로 연애의 시작을 공식화할 필요성을 느끼게 되었을까? 아쉽지만 이 질문들은 이 책의 핵심 주제와 거리가 먼 만큼 그에 대한 본격적인 탐구는 훗날을 기약하기로 하자.

그런데 여기서 한 가지 분명히 인식해야 할 점은, '왜 젊은이들이 썸을 탈까'라는 질문에 대하여 제대로 답변하기 위해서 우리는 먼저 썸의 본성을 정확히 파악해야 하는 것과 마찬가지로, 앞의 질문들에 대하여 제대로 답변하기 위해서 우리는 먼저 '오늘부터 1일이다'라는 발화의 성격을 정확히 파악할 필요가 있다는 것이다. 인터넷 검색을 통해 찾아낸 그 문장의 표준적인 용법은 다음과 같다.

> 태훈: 난 네가 좋아졌어.
> 은호: 응.
> 태훈: 우리 사귈까?

은호: 응… 그래. 사귀자.

태훈: 그래. 그럼 우리 오늘부터 1일이다.

실제로 KBS 드라마 〈학교2017〉에서 현태훈(김정현 분)과 라은호(김세정 분)는 이와 상당히 유사한 대사와 몸짓을 통해 서로의 마음을 고백하고 연인이 된다. 그런데 이 대화에서 '우리 오늘부터 1일이다'라는 태훈의 발화는 상당히 기묘한 성격을 갖는다. 일반적으로 '지구는 둥글다'와 같은 평서문은 세계에 대한 모종의 정보를 전달하기 위해서 사용되고, 그런 이유로 그것은 참이나 거짓과 같은 진리치 평가의 대상이 되는 것으로 간주된다. 그런데 '우리 오늘부터 1일이다'는 평서문임이 분명하지만 그럼에도 그것의 용법을 정보의 전달로 온전히 설명할 수가 없다. 왜냐하면 그 이전의 대화를 통하여 태운과 은호는 상대방과 사귀고픈 자신들의 의도를, 상대방의 연인이 되고자 하는 자신들의 의도를 이미 상대방에게 충분히 알렸기 때문이다. '우리 오늘부터 1일이다'라는 태훈의 발화는 순수히 정보의 교환이라는 관점에서만 보자면 불필요하고 잉여적인 발화라는 것이다.

이 지점에서 나의 견해에 대한 한 가지 반론이 제기될 수 있다.

요즘 젊은 연인들은 기념일 챙기는 것을 매우 중시한다. 그래서 그들에게 연애가 어느 날부터 시작하는지를 분명히 정하는 것은 중차대한 문제가 아닐 수 없다. 그렇다면 태훈은 추후 연애 기념일의 기준점을 분명히 확정할 목적으로 '우리 오늘부터 1일 이다'라고 은호에게 말했을지도 모른다. 이런 해석하에서 태훈의 발화는 정보의 전달이라는 관점에서 불필요하지도 잉여적이지 않다. 왜냐하면 태훈의 발화는 은호와 태훈의 연애가 언제부터 시작되었는가에 대하여 혹시 있을지도 모를 불분명함을 해소하는 의의를 갖기 때문이다.

그러나 나는 태훈의 발화에 대한 이러한 해석에 반대한다. '우리 오늘부터 1일이다'라는 태훈의 발화가 정확히 몇 월 며칠부터 태훈과 은호의 연애가 시작되었는지를 분명히 밝히는 기능을 수행할 수 있다는 점을 부인하지는 않겠다. 그럼에도 이 해석은 그 발화의 핵심적인 기능을 정확히 포착하지 못한다는 것이 나의 생각이다. 다시 말해 설혹 태훈의 발화가 태훈과 은호 사이의 연애가 언제 시작되는지를 명확히 확정한다는 기능을 가질지 모르지만, 그러한 기능은 오직 부차적이거나 파생적인 기능일 뿐이고, 그 발화의 본질적인 기능은 아니라는 것이다. 위의 대화를 나누는 시점에 태훈과 은호에게 초미의 관심사는 자신을 향하는 상대방의 마음을 확인하고 또한 상대방을 향하는 자신의 마음을 확정하는 것이다. 그렇게 그들의 모든 관심과 주의는 그들이 서로 연인 관계를 맺을 수 있을지 여부에 집중된다. 이런 상황에서 미래에 있을 연애기념일의 기준점을 언제로 삼을지는 그들의 관심사에서 거리가 멀다. 그런 점에서 태훈이 '우리 오늘부터 1일이다'라고 발화한 결정적인 이유가 연애 기념일의 기준점을 분명히 정하는 것이라는 해석은 매우 비상식적이고 부자연스럽다.

나는 '앙뜨레 누스entre nous'에 대한 찰스 테일러Charls Taylor의 철학이 이 주제에 대하여 흥미로운 통찰을 제공한다고 본다.[37] '앙뜨레 누스'는 '우리 사이'를 뜻하는 프랑스어이다. 찰스 테일러가 그 표현으로 의미하는 바는 대화에 참여하는 화자들의 개별적인 내심을 벗어나, 그 화자들에 의해 구성되는 어떤 '공적인 공간public space'이다. 테일러 자신의 사례를 통하여 앙뜨레 누스 개념을 설명하자면, 무더운 어느 여름날 내가 야외 벤치에 앉으며 그 옆에 앉아 있던 낯선 행인 S에게 '날씨가 참 덥네요'라고 말했다고 가정해보자. 이 경우 '날씨가 참 덥네요'라는 나의 발화는 정보의 전달이라는 측면에서 사실상 무익한 발화이다. 왜냐하면 나의 발화가 있기 전에 S 역시 날씨가 무덥다는 것을 이미 알고 있을 것이기 때문이다. 실제로 날씨가 덥다는 명제는 나와 S 사이에서 공유 지식을 형성하기까지 한다. 내가 S가 날씨가 덥다는 것을 알고 있다는 것을 알고 있고, S 역시 내가 날씨가 덥다는 것을 알고 있다는 것을 알고 있… 등의 조건이 무한히 만족될 것이기 때문이다. 이처럼 날씨가 덥다는 사실에 대하여 이미 나와 S 사이에 공유 지식까지 존재하는 상황에서 내가 굳이 '날씨가 참 덥네요'라고 말하는 이유는 무엇일까? 그 발화는 S와 나 사이에서 어떤 역할을 수행하는 것일까?

찰스 테일러에 따르면 그 발화가 수행하는 역할은 나의 개별적인 믿음이나 S의 개별적인 믿음을 넘어 나와 S 사이에 존재하는 어떤 공적인 담화의 공간을 만들어내는 것이다. 이처럼 '날씨가 참 덥네요'라는 나의 발화를 통하여 더운 날씨는 나의 경험이나 S의 경험을 떠나 나와 S로 이루어지는 하나의 복합적 주체가 대면하는 공적인 실재로 부상한다. 여기서 테일러는 그러한 공적 공간이 개개인의 심리 상태로 남김없이 분석될 수 있다는 입장, 그가 '주체에 대한 독백 모형the monological models of the subject'이라 명명한 입장을 부정하는데, 그에 따르면 '날씨가 참 덥네요'라는 발화 이후 더운 날씨는 나의 감각 경험이나 S의 감각 경험을 초월하여 존재하는, 그러한 개별적 경험으로 분석될 수 없는, 나와 S가 그야말로 함께 경험하는 공적 실재가 된다. 이것이 '앙뜨레 누스'라는 말로 찰스 테일러가 뜻하는 바이다.[38]

앙뜨레 누스에 대한 테일러 자신의 서술을 직접 인용해보자.

> 인간의 의사소통이 단지 정보를 전달하기만 하는 것은 아니다. 인간의 의사소통이 청자에게 어떤 믿음을 산출하기만 하는 것은 아니라는 말이다. 그것은 어떤 사태가 앙뜨레 누스라는 것을 공인하게 만드는 효과를 갖기도 한다. 어떤 사태가 앙뜨레 누스라는 것을 파악하는 것은 그 사태 자체를 파악하는 것 이상의 활동이다. 어떤 사태가 앙뜨레 누스라는 것을 파악하는 것은 그

것이 공적 공간에 존재한다는 것, 당신과 내가 개별적으로 그것을 대면하는 것이 아니라 우리가 함께 그것을 대면한다는 것을 인식하는 것이다.[39]

테일러는 이러한 앙뜨레 누스 개념이 인간 사회에서 제도, 관행, 규범 등이 작동하는 방식을 이해함에 있어서 중추적인 역할을 수행한다고 본다.

이제 '우리 오늘부터 1일이다'라는 태훈의 발화로 돌아가보자. 앞서 지적한 바와 같이 그 발화는 정보의 전달이라는 측면에서 별다른 효용을 갖지 못한다. 그렇다면 그것의 효용은 도대체 무엇일까? 이에 대한 나의 답변은 태훈의 발화를 통하여 비로소 태훈과 은호의 관계가 연인 관계라는 사실이 그 둘 사이의 공적 공간에서 앙뜨레 누스를 형성하게 된다는 것이다. 그 발화 이전까지, 즉 태훈이 '우리 사귈까?'라고 말하고 은호가 '응… 그래. 사귀자'라고 말하는 순간까지 그들의 사랑은 각각의 내심에만 존재할 뿐 아무런 공적 실재성을 확보하지 못한다. 그러나 태훈이 '우리 오늘부터 1일이다'라고 발화하는 순간 그것은 그들 사이에서 앙뜨레 누스가 되고, 그에 따라서 공적 실재성을 획득하게 된다. 여기서 공적 실재성을 갖는다는 것은 태훈과 은호에게 상당히 중요한 함의를 갖는데, 무엇보다 그들의 행위에 대한 공적인 의무와 제약이 부과된다는 함의를 갖는다. '우리 오늘부터 1일이다'라는 발화 이전에 태훈이 (적어도 은호와의 관계를 정리할 때까지) 은호 이외의 다른 여자와는 사귀지 말아야 한다는 의무감을 느낀다면 그 의무감은 온전히 태훈의 내면에 등장하는, 순전히 개인적인 느낌에 불과하다. 그러나 '우리 오늘부터 1일이다'라는 말을 태훈이 내뱉는 순간, 그리고 그로 인해 태훈과 은호의 관계가 연인 관계라는 사실이 그들 사이에서 앙뜨레 누스를 형성하는 순간, 은호 이외의 다른 여자와는 사귀지 말아야 한다는 것은 태훈에게 공적인 의무가 된다. 그 의무가 모종의 공적인 실재성을 갖게 된다는 것이다.

오늘날 연애에 첫발을 내딛는 젊은이들은 어떤 연유로 '오늘부터 1일이다'와 같은 발화로 자신들의 연애를 공식화해야 할 필요성을 느끼게 되었을까? 어려운 질문이다. 또한 이 책의 주제와 다소 거리가 있는 질문이기도 하다. 그래서 여기서 이 질문에 대한 답변을 심도 있게 탐색하기는 어려울 듯하다. 그럼에도 우리가 이상의 논의를 통해서 이 질문에 대해 훨씬 더 명료한 이해를 얻을 수 있게 되었다는 점만은 분명히 지적하자. 태훈이 은호에게 '오늘부터 1일이다'라고 발화할 때 그 발화는 태훈과 은호가 오늘부터 연애를 시작한다는 정보를 은호에게 전달할 의도를 통해 설명될 수 없다. 그것은 그들 사이의 연애에 대한 앙뜨레 누스를 형성하고, 나아가 그에 공적 실재성을 부여하는 과정으로 이해되어야 할 것이다.

8.
썸타기와
어장관리

어장관리란
무엇인가

　　지금까지 우리는 썸타기의 본성
과 유형에 대해 탐구하였는데, 이러한 탐구는 썸타기와 어장관
리의 관계에 대한 흥미로운 시사점을 제공한다. 먼저 시중에서
'어장관리'라는 말로 무엇을 의미하는지 간략히 설명해보기로
하자. 나무위키는 그것을 '이성에게 접근했다가 멀어지기를 반
복하면서 궁극적으로 대상 이성이 자기에게서 벗어나지 못하게
하는 행위'로 정의한다.[40] 어장관리는 빈지노라는 래퍼의 대표
곡 중 하나인 〈Aqua Man〉의 다음 가사에서 좀 더 상세하게 기
술된다.

　　너가 먹이처럼 던진 문자 몇 통과
　　너의 부재중 전화는 날 헷갈리게 하지

　　손에 꼽을 정도로 아주 가끔씩
　　엉뚱한 시간에 넌 내가 어딘지 묻지
　　'어디긴 니 마음이지'라는 본심을
　　속이며 차분하게 말했지, "지금 집"
　　심상치 않은 징조. 심장은 보다 신속
　　혹시 모를 급만남이 꿈처럼 이루어질

수도 있을 것 같은 느낌이 들어

(…)

But you said, "그런 거 아니고, please don't call me no more"

어장관리의 관리자는 어장관리를 위하여 적당한 관심의 표명이나 메시지를 통해 상대방의 마음이 자신을 떠나지 못하게 만드는데 이를 '떡밥'이라고 일컫는다. 위의 가사에서 '너'라고 불리는 인물이 그 가사의 화자에게 보내는 문자 메시지, 부재중 전화, 그리고 엉뚱한 시간에 그 화자가 어디 있는지 묻는 것과 같은 것들은 모두 떡밥에 해당한다.

썸타기에 대한 앞선 절에서의 관찰은 어장관리에 관한 흥미로운 시각을 제공하는데, 결론부터 말하자면 다음과 같다. 현아가 영철을 어장관리한다는 것은 무엇보다 현아가 영철에게 떡밥을 보내며 영철의 마음이 자신 주위에 머물도록 영철의 마음을 조작하고 통제하는 것이다. 그리고 그러한 조작과 통제를 이행하는 주요 메커니즘이 바로 기만이다. 현아가 영철을 향한 자신의 마음에 대하여 영철을 속임으로써 영철의 마음을 조작하고 통제한다는 것이다. 그렇다면 영철을 어장관리하는 현아는 정확히 자신의 어떤 마음에 대하여 영철을 기만하는 것일까? 이에 대하여 두 가지의 답변이 가능하고, 그에 따라서 어장관리를 두 가지 유형으로 구분해야 할 필요가 있다.

이정규 교수 역시 어장관리를 논의하며 그것을 두 가지 유형으로 구분하는데, 그 첫 번째 유형은 현아가 영철에게 전혀 호감을 느끼지 않지만 영철에게 떡밥을 보내는 경우에 해당하고, 그 두 번째 유형은 현아가 영철에게 호감은 느끼지만 그럼에도 '진지한 연인으로 발전하고 싶은 생각'이 없으면서 영철에게 떡밥을 보내는 경우에 해당한다. [41] 어장관리에 대한 나의 접근 역시 기본적으로는 이정규 교수의 접근과 크게 다르지 않다. 다만 어장관리의 두 유형을 단순히 구분할 뿐 그 두 유형의 어장관리 각각의 특성에 대하여 심층적인 탐구를 시도하지 않는다는 점에서 이 교수의 논의에는 다소간의 아쉬움이 있기에, 이하에서 나는 두 유형의 어장관리 각각의 특성을 좀 더 상세히 들여다보고자 한다.

어장관리의
두 가지 유형

앞서 간략히 언급한 바와 같이 어장관리의 첫 번째 유형은 현아가 영철에게 전혀 호감을 느끼지 않지만 그런 자신의 마음에 대해 영철을 기만하는 경우에 해당한다. 현아는 영철에게 끌리는 마음이 전혀 없지만 그럼에도 그런 자신의 내면을 속이며 영철에게 떡밥을 던진다는 것이다. 편의를 위해 이 첫 번째 유형의 어장관리를 '어장관리(I)'라 부르

자. 어장관리(I)에 대하여 내가 먼저 분명히 밝히고 싶은 바는, 그 경우 영철에 대한 현아의 태도는 썸타는 이의 태도와는 거리가 멀다는 것이다. 앞서 설명한 바와 같이, 내가 누군가와 썸탄다는 것은 내가 그(녀)에게 호감을 느끼면서 동시에 나의 심리에 대한 반성적 평가 속에서 그 호감에 대하여 의지적 불확정성을 경험한다는 것이다. 그러나 영철을 어장관리(I)하는 현아는 영철에게 아무런 호감도 느끼지 않는다. 그렇기에 영철로 향하는 현아의 마음에는 어떠한 의지적 불확정성도 존재하지 않는다. 그런 점에서 영철을 어장관리(I)하는 현아의 내심은 상대방과 썸타는 이의 내심과는 거리가 멀어도 한참 멀다. 그런데 어장관리(I)가 현실적으로 가능하고 우리 주위에서 종종 목격될 수 있다 하더라도 그것이 그리 보편적인 현상은 아니라는 것이 나의 추측이다. 그 이유는 현아가 영철에게 전혀 호감을 갖지 않는다면 굳이 영철을 어장관리할 이유도 크지 않을 것이기 때문이다.

한층 보편적이고 또한 흥미로운 유형은 어장관리의 두 번째 유형이다. 편의를 위하여 이 두 번째 유형의 어장관리를 '어장관리(II)'라 명명하자. 앞서 서술한 바와 같이 이정규 교수는 '진지한 연인으로 발전하고 싶은 생각'이라는 어구를 사용해 어장관리(II)를 규정한다. 그렇다면 진지한 연인으로 발전하고 싶은 생각으로 누군가와 연락하고 만남을 이어간다는 것은 무엇인가? 그것은 바로 앞서 '탐색형 썸타기'라 명명된 활동을 통해 이해될 수 있다. 내가 누군가에게 호감을 느끼지만 그 호감에 대해 의지적 불확정성을 경험할 때 그 의지적 불확정성을 해소할 목적으로, 다시 말해, 그(녀)가 진정 내 마음을 주어도 괜찮은 인물인지를 탐색할 목적으로 그(녀)와의 만남과 교류를 이어나가는 활동이 그것이다.

이런 관찰에 근거해 나는 두 번째 유형의 어장관리를 다음과 같이 규정할 것을 제안한다. 현아가 영철을 어장관리(II)한다는 것은, 현아가 영철을 대상으로 삼아 쾌락형 썸타기에 적합한 태도를 취하고 있지만 그럼에도 현아는 그러한 사실을 숨기며 마치 자신이 영철과 쾌락형 썸타기가 아니라 탐색형 썸타기에 적합한 태도를 취하는 양 영철 앞에서 말하고 행동함으로써 영철을 기만한다는 것이다. 이러한 나의 견해를 좀 더 명료하게 설명하기 위해 그것을 어장관리(II)가 성립하기 위한 필요 조건의 형식으로 제시해보기로 하자. 현아가 영철을 어장관리(II)하기 위해서는 세 가지의 필요 조건이 만족되어야 하는데, 그 첫 번째 조건은 현아가 영철에게 호감을 가진다는 것이다. 이 첫 번째 조건은 앞서 설명한 어장관리(I)와 지금 설명하는 어장관리(II)를 구분하는 핵심 요소로 기능한다. 어장관리(I)는 현아가 영철에게 조금의 호감도 갖지 않는 경우에 발생하는 반면 어장관리(II)는 현아가 영철에게 어느 정도의 호감을 가질 때 발생한다.

어장관리(I)과 어장관리(II) 사이에 존재하는 이러한 차이는 상당히 흥미롭다. 그 차이로 인하여 전자의 경우 영철에 대한 현아의 내심은 영철과 썸타는 이의 내심과 완전히 판이한 것이 되는데 반해, 후자의 경우 현아의 내심은 영철과 쾌락형 썸타기에 임하는 이의 내심과 사실상 동일한 것이 되기 때문이다. 앞서 이미 지적한 바와 같이 영철을 어장관리(I)하는 현아의 태도는 영철과 썸타는 이의 태도와 거리가 멀다. 왜냐하면 누군가와 썸타기 위해서는 무엇보다 그(녀)에 대한 일말의 호감이 있어야 하지만 영철을 어장관리(I)하는 현아는 영철에 대하여 그러한 호감을 일절 갖지 않기 때문이다. 한편 영철을 어장관리(II)하는 현아는 영철에게 호감을 느낀다. 더불어 현아는 그 호감에 대하여 앞서 설명한 바의 의지적 불확정성을 경험한다. 그런 점에서 영철을 어장관리(II)하는 현아가 영철에 대하여 갖는 마음은 영철과 썸타는 이가 영철에 대하여 갖는 마음과 크게 다르지 않다. 다만 영철을 어장관리(II)하는 현아의 최종 목적은 영철로 향하는 호감과 관련한 의지적 불확정성을 해소하고 그를 통하여 영철과 마음을 주고받은 연인의 관계를 맺을지 말지에 대하여 결심을 세우는 것이 아니다. 그녀의 최종 목적은 영철과 쾌락형 썸타기에 임하는 이와 유사하게 영철로 향하는 호감과 관련한 의지적 불확정성 자체를 즐기는 것이고, 이것이 어장관리(II)가 성립하기 위한 두 번째 필요 조건에 해당한다. 현아가 영철을 어장관리(II)하기 위해서는 현아가 영철에게 호감을 가져야 할 뿐만 아니라, 영철과 쾌락형 썸타기에 임하는 이와 유사하게 그러한 호감과 관련한 의지적 불확정성을 즐긴다는 조건이 만족되어야 한다는 것이다.

잠시 정리해보자. 영철을 어장관리(II)하는 현아는 영철에게 호감을 느끼지만 그럼에도 영철과 '진지한 연인으로 발전하고 싶은 생각'은 추호도 없다. 그저 영철과 연락을 주고받고 때론 함께 시간을 보내며, 서로 남남도 아니지만 그렇다고 연인도 아닌 애매하고 불확실한 남녀 관계를 즐길 뿐이다. 물론 영철에 대한 현아의 태도가 시간에 따라 변화할 가능성을 배제할 필요는 없다. 영철과의 교류가 잦아지며 현아의 심경에 변화가 생기고, 그에 따라서 영철과 관련한 의지적 불확정성을 즐기기보다 그것을 해소하려는 의도를 형성할 가능성을 배제할 필요는 없다는 뜻이다. 그러나 적어도 지금 현아는 영철과의 관계를 서로 마음을 주고받은 연인 관계로 진전시킬 계획이 전혀 없고, 그런 만큼 현아는 영철을 대상으로 삼아 쾌락형 썸타기와 유사한 활동을 수행하고 있다.

이정규 교수 역시 이와 비슷한 논점을 제시하는데, 이 교수의 문장을 직접 인용해보자.

> 우리는, "나는 b와 연인은 되기 싫고, 그냥 썸만 타는 관계로 계속 남고 싶어"라는 발화를 적법하게 할 수 있으며, 여기에는 어떤 모순도 나타나지 않는 것 같다. 즉, 어장관리의 두 번째 유형은 연인으로 발전할 생각은 없지만 썸만 타기를 원하는 경우로서 해석할 수 있는 것 같다.[42]

영철을 어장관리(II)하는 현아가 영철에 대하여 그와 탐색형 썸타기가 아니라 그와 쾌락형 썸타기에 임하는 이와 유사한 태도를 취한다는 나의 논점은 두 번째 유형의 어장관리의 경우가 '연인으로 발전할 생각은 없지만 썸만 타기를 원하는 경우'라는 이정규 교수의 논점을 이론적으로 좀 더 엄밀하게 재서술한 것으로 간주될 수 있다.

지금까지 나는 어장관리(II)가 성립하기 위한 두 가지의 필요 조건을 제시하였다. 이제 그 세 번째 필요 조건을 제시하자면, 그것은 현아가 자신의 마음에 대하여 영철을 기만한다는 조건이다. 영철을 어장관리(II)하는 현아가 실상 자신은 영철과 쾌락형 썸타기에 임하는 이와 유사한 태도를 취하고 있지만 그럼에도 영철과 탐색형 썸타기에 임하는 이와 유사한 태도를 취하고 있는 것으로 영철이 오해하게 만든다는 것이다. 그렇게 현아는 영철을 어장관리(II)하며 본심 자신이 영철의 연인이 될 가능성을 전혀 고려하지 않는다. 그러나 현아는 자신이 그러한 가능성을 고려하며 영철과 연락을 지속하고 만남을 이어간다고 영철이 오해하게끔 영철 앞에서 말하고 행동한다. 그렇게 자신과 연인 관계로 발전할 수 있다는 거짓된 희망을 영철에게 심어준다는 것이다. 이처럼 현아는 영철과 교류를 이어가며 영철과의 관계에 대한 자신의 의도나 계획을 영철에게 숨김으로써 영철을 기만하고, 그러한 기만을 통하여 영철의 마음을 조작하고 통제한다. 바로 이러한 의미에서, 즉 영철의 마음이 자신 주위에 머물게 만들 목적으로 영철과의 관계에 대한 자신의 의도나 계획에 관하여 영철을 기만하고 그것을 통해서 영철의 마음을 조작하고 통제한다는 의미에서 현아는 영철을 어장관리(II)하고 있는 것이다. 요약하자면 어장관리(II)는 현아가 영철에게 호감을 느끼며 실상 그에게 쾌락형 썸타기에 부합하는 태도를 취하지만 영철 앞에서는 마치 자신이 영철에게 탐색형 썸타기에 부합하는 태도를 취하는 것처럼 말하고 행위함으로써 영철을 기만할 때 발생한다.

어장관리(I)의 경우와 어장관리(II)의 경우 모두에서 현아는 자신의 마음에 대하여 영철을 기만한다. 그러한 기만의 측면에서 두 유형의 어장관리는 공통점을 갖는다. 그런데 그 두 유형의 어장관리에서 현아가 기만하는 마음의 내용이 다르다. 어장관리(I)의 경우 현아는 영철에게 호감을 전혀 느끼지 않음에도 불구하고 그러한 호감을 느끼는 양 영철을 기만한다. 한편 어장관리(II)의 경우 현아는 실상 영철에 대한 호감과 관련하여 자신의 내심에서 발생하는 의지적 불확정성을 해소하기보다 단지 그러한 의지적 불확정성을 즐길 의도만을 가질 뿐이지만 그럼에도 영철 앞에서는 의지적 불확정성을 해소할 의도를 가지고 있는 양 영철을 기만한다. 다시 말해 영철에 대한 호감과 관련하여 자신의 내심에서 발생하는 의지적 불확정성을 해소할 의도를 가지고 영철과의 관계를 지속한다고 영철이 착각하게 만든다는 것이다.

요컨대 어장관리(I)와 어장관리(II) 사이의 구분에서 핵심은 현아가 기만하는 마음의 내용에서의 차이이다. 위에서 이미 지적한 바와 같이 영철을 향한 자신의 마음이 변화할 가능성을 현아가 배제할 필요는 없다. 영철과의 만남을 이어나가며 영철에 대한 호감이 새롭게 생겨날 수도 있고 혹은 단순한 쾌락형 썸타기에 적합한 대상이 아니라 진지한 탐색형 썸타기에 적합한 대상으로 영철을 새롭게 바라볼 수도 있다. 어쩌면 그러한 가능성을 배제할 수 없다는 바로 그 사실이 현아가 자신의 마음을 속이며 영철을 어장관리하고, 그를 통하여 영철이 자신에게서 벗어나지 못하게 만드는 동기로 작용할 수도 있을 것이다.

어장관리를 분석하며 이정규 교수는 어장관리를 두 가지 유형으로 구분하고, 나아가 두 번째 유형의 어장관리에서 피관리자에 대한 관리자의 태도가 쾌락형 썸타기에 임하는 이들의 태도와 상당히 유사하다고 관찰하였고, 나는 그러한 이 교수의 관찰에 전적으로 동의한다. 그러나 이 교수의 논의는 그러한 관찰 이상으로 나아가지 못했다는, 특히 두 번째 유형의 어장관리에 내재한 기만의 요소를 또렷하게 폭로하지 못했다는 아쉬움을 남긴다. 앞서 서술한 바와 같이 영철을 어장관리(II)하는 현아는 영철에게로 향하는 호감과 관련한 의지적 불확정성에 대하여 자신이 어떤 고차적 태도를 지니는지에 관해 영철을 기만한다. 어장관리에 내포된 이러한 기만의 요소를 분명히 인식할 때 우리는, 누군가가 나를 어장관리한다는 사실을 알게 될 때 내가 왜

불쾌감을 느끼는지에 대한 한 가지 설명을 갖게 된다. 상대방이 자신의 마음에 대하여 나를 기만했다는 것을 알게 되었기에 나는 그(녀)에게 불쾌감을 느끼는 것이다.

썸인가
어장관리인가

아직 본격적인 연인 관계로 진전되지 않은 그(녀)와 나의 애매한 관계, 그 상황에서 내게 뜬금없이 안부 문자 메시지를 보내거나 가끔씩 나의 소셜 미디어 게시물에 '좋아요'를 클릭하며 나에 대한 이성으로서의 관심을 드러내는 그(녀)를 어떻게 이해해야 할까? 그(녀)는 나와 썸을 타려는 것일까 아니면 나를 어장관리하려는 것일까? 이처럼 최근 자신과 연락을 주고받은 그(녀)가 자신과 썸을 탈 요량인지 아니면 자신을 어장관리할 요량인지에 대하여 혼란스러워하는 이들이 많다. 그렇게 혼란스러워하는 이들에게 몇 마디 조언을 하자면 다음과 같다.

먼저 그(녀)가 나와 썸을 탈 요량인지 아니면 나를 어장관리(I)할 요량인지를 구분하는 것은 비교적 쉽다. 그(녀)가 나에게 적으나마 이성적 호감을 느낀다면 그(녀)의 행위가 첫 번째 유형의 어장관리, 즉 어장관리(I)는 아니라고 단정할 수 있기 때문이다. 첫 번째 유형의 어장관리는 관리자가 피관리자에게 아무런 호감도 느끼지 않으면서 그러한 호감을 느끼는 양 피관리자를 기만하는 활동이라는 논점을 상기하자. 이때 주의해야 할 점은 그(녀)가 나에게 어느 정도 호감을 갖는다는 가정으로부터 나에 대한 관심을 표명하며 그(녀)가 의도한 것이 나를 어장관리하는 것이 아니라 나와 썸타는 것이라는 결론을 곧장 이끌어낼 수는 없다는 것이다. 왜냐하면 그(녀)가 나에게 호감을 가지면서 동시에 나를 어장관리(II)하는 것이 얼마든지 가능하기 때문이다.

　여기서 난해한 질문은 어떻게 썸타기와 어장관리(II)를 구분할 것이냐는 질문이다. 이와 관련하여 먼저 분명히 짚고 넘어가야 할 점은 현재 그(녀)가 나만을 만나고 있는지 아니면 나를 포함한 복수의 사람들을 동시에 만나고 있는지를 기준으로 썸타기와 어장관리(II)를 구분할 수는 없다는 것이다. 그(녀)가 나를 포함한 복수의 사람들과 동시에 썸타는 것도 가능하고, 또한 그(녀)가 나를 포함한 복수의 사람들을 동시에 어장관리(II)하는 것 역시 가능하기 때문이다. 단지 그(녀)가 내가 아닌 다른 어떤 사람과 만남을 이어가고 있다는 사실만을 근거로 해서 그(녀)의 의도가 나와 썸타는 것이 아니라 나를 어장관리(II)하는 것이라고 단정할 수는 없다는 말이다. 마찬가지로 의지적 불확정성이라는 측면에서도 썸타기와 어장관리(II)는 구분되지 않는다. 그(녀)가 나와 썸을 탈 때에나 그(녀)가 나를 어장관리(II)할 때에나 모두 그(녀)는 나에 대한 호감과 관련하여 의지적 불확정성을 경험하기 때문이다. 그렇다면 나에게 뜬금없이 문자 메시지를 보내거나 어쩌다 나의 소셜 미디어 게시물에 '좋아요'를 클릭하며 그(녀)가 나에 대한 호감을 살짝 내비칠 때 그(녀)가 의도하는 것은 도대체 무엇일까? 썸일까, 아니면 어장관리(II)일까? 결론부터 말하자면, 이 질문에 대한 답변에서 핵심 키워드는 바로 기만이다.

나에게 호감을 느끼는 그(녀)가 실제로는 그 호감과 관련한 의지적 불확정성 자체에서 오는 쾌락을 즐길 목적으로 나와의 만남을 이어가지만 그럼에도 마치 자신이 나와 연인이 될 가능성을 염두에 두고 그 의지적 불확정성을 해소할 목적으로 나와의 만남을 이어가는 것인 양 나를 기만한다면 그(녀)는 나와 썸을 타는 것이 아니라 나를 어장관리(II)하는 것이다. 만남의 목적에 대해서 나를 기만하는 한 나와 그(녀)의 만남은 썸타기가 될 수 없기 때문이다. 나와 그(녀)의 만남이 썸타기가 되기 위해서 우리는 만남의 목적에 대해 적어도 서로를 속이지는 말아야 한다. 그렇게 아무런 기만 없이 그(녀)와 내가 의지적 불확정성 자체에서 오는 쾌락을 목적으로 만남을 이어 간다면 우리는 지금 쾌락형 썸타기를 수행하는 한편, 아무런 기만 없이 그(녀)와 내가 의지적 불확정성을 해소하는 것을 목적으로 만남을 이어간다면 우리는 지금 탐색형 썸타기를 수행하고 있는 것이다. 마지막으로 아무런 기만이 없이 그(녀)와 내가 동상이몽형 썸타기에 임하는 것 역시 얼마든지 가능하다. 썸타는 남녀가 만남의 목적을 상대방에게 명시적으로 밝히지 않는 경우가 많고 그 경우 서로 다른 목적을 염두에 두면서 만남을 이어갈 수도 있기 때문이다. 그 경우에도 그(녀)가 만남의 목적에 대하여 나를 기만하지 않는 이상 그(녀)와 나의 관계는 썸타기의 관계이지 어장관리(II)의 관계는 아니다. 요컨대 그(녀)가 나와 썸타는 경우와 그(녀)가 나를 어장관리(II)하는 경우를 구분하는 핵심적인 기준은 그(녀)가 복수의 사람들과 동시에 만남을 가지는지 여부도 아니고, 그(녀)가 의지적 불확정성를 경험하는지 여부도 아니다. 그(녀)가 자신의 마음을 나에게 속임으로써 나를 기만하는지 여부가 그 핵심이다.

기만 없는
어장관리는 없다

마지막으로 어장관리에 대한 두 가지의 논점만 더 제시하고 이번 장을 마감하자. 그 첫 번째 논점은 어장관리는 이전 장에서 정의된 바의 공동 행위가 아니라는 것이다. 분명 어장관리는 두 자율적인 인격체가 서로 심리적으로 혹은 물리적으로 영향을 주고받으면서 발생하는 현상이라는 점에서 사회적 행위에 해당한다. 그러나 현아가 영철을 어장관리한다고 할 때 그 둘 사이에는 만남과 교류의 목적에 대한 어떠한 공유 지식도 존재하지 않는다. 실상 현아는 자신이 영철과 만남을 지속하는 목적에 관하여 영철을 기만함으로써 그러한 공유 지식의 가능성을 애초부터 차단한다. 이에 따라 영철에 대한 현아의 어장관리가 그들 사이의 공동 행위가 되기 위하여 필수적으로 만족해야 하는 조건, 즉 행위자들 사이에 행위의 목적에 대한 공유 지식이 존재해야 한다는 조건이 만족되지 않는다. 어장관리가 공동 행위로 분류될 수 없는 이유다. 결론적으로 어장관리는 분명 복수의 자율적 행위자들이 서로 사회적으로 영향을 주고받으며 발생하는 사회적 행위임에 분명하지만, 그들이 어떤 공동의 목적을 성취하기 위하여 협력하고 조율하는 모습이 부재하다는 점에서 공동 행위로 분류될 수 없다.

지금까지 어장관리에 대하여 첫 번째 논점을 제시하였는데, 두 번째 논점은 기만이 어장관리의 필수 요소라는 나의 입장에 대한 한 가지 반론과 관련된다. 2019년 TvN에서 방영된 드라마 〈검색어를 입력하세요 WWW〉에서 배타미(임수정 분)와 박모건(장기용 분)은 우연한 첫 만남 이후에 미묘한 관계를 맺기 시작하는데, 그것은 모건이 자꾸만 타미에게 자신을 어장관리해 달라고 요청하면서 시작된다. 술에 한껏 취한 타미에게 모건은 다음과 같이 말한다

> 모건: 혹시 어장관리 같은 것 해요? 그 어장에 들어가보려고. 아
> 까 생선에 밥 잘 주던데, 나에게 떡밥만 잊지 않고 챙겨주면 잘

버텨볼게요. 나 생활력 강하거든.

　그리고 얼마간의 만남과 교류 후 모건에게 호감이 생긴 타미는 모건과 다음과 같은 대화를 나눈다.

> 타미: 지금부터 내가 하는 이야기 잘 들어. 나 이제 너 어장관리 할 거야.
> 모건: 지금까지는 뭐였는데요?
> 타미: 지금까지는 네가 내 주위를 서성이면서 '여기는 어장입니다'라고 우긴 거고. 지금부터 여기는 어장이 맞고. 어장은 수문을 닫는다. 못 나가. (⋯) 네 말대로 나도 네가 놀다 가는 곳이 아니었으면 좋겠어. 네가 내 일상이 될 수 있는지 진지하게 고민할게.
> (⋯)
> 모건: 관리자면 관리자답게 행동해요. 힘든 일 있을 때마다 전화도 안 터지는 데 처박혀서 그러지 말고. 불러내고 써먹고 이용하고 그러라고요. 그게 어장관리라는 거예요. 잘 모르는 것 같아서 알려주는 거예요.

　타미와 모건의 관계에서 흥미로운 점은 모건이 먼저 타미에게 자신을 어장관리해 달라고 요청하고, 나아가 타미는 자신이 모건을 어장관리한다는 것을 공공연히 밝힌다는 것이다. 앞서 나는 어장관리의 필수 요소가 기만이라는 입장을 개진했다. 그런데 타미와 모건 사이에는 어떠한 기만도 존재하지 않는다. 타미는 자신이 모건을 어장관리할 것이라는 것을 공공연히 밝혔고, 모건은 그것을 기꺼이 받아들였다. 일견 이는 어장관리에 대한 나의 입장에 대한 중대한 반례가 되는 것처럼 보인다. 타미와 모건의 사례는 기만이 없는 어장관리의 가능성을 시사하기 때문이다.

그러나 나는 이 반론 앞에서 나의 기존 입장을 고수할 것이다. 비록 모건은 타미에게 자신을 '어장관리'하라고 요청했고, 타미는 자신이 모건을 '어장관리'할 것이라고 공식화했지만, 사실 그것은 그들의 말일 뿐이고 실상 그들의 관계는 진정한 어장관리의 관계가 아니라는 것이 위의 반론에 대한 나의 응답이다. 타미와 모건이 말로는 '어장관리' 운운했지만 사실 그들의 관계는 모건이 타미를 짝사랑하는 관계라는 것이 나의 판단이다. 그런 점에서 기만 없는 어장관리가 존재할 수 없다는 나의 입장은 여전히 유효하다.

그렇다면 타미와 모건이 자신들의 관계가 어장관리의 관계라고 대놓고 말하고 있음에도 어찌하여 나는 그들의 관계가 어장관리가 될 수 없다고 주장하는 것일까? 이 지점에서 나는 어장관리의 피관리자가 관리자 주위를 떠나지 못하게 만들 목적으로 관리자가 피관리자의 마음을 통제하고 조작하는 것이 어장관리의 요체라는 것을 강조하고자 한다. 단적으로 관리자를 향하는 피관리자의 마음이 관리자에 의해 관리된다는 것이다. 그리고 그 관리라는 것이 다름 아니라 떡밥을 활용한, 피관리자의 마음에 대한 통제와 조작이다. 그런데 문제는 관리자가 자신의 내심에 대하여 피관리자를 기만하지 않는 방식으로 그러한 통제와 조작을 수행하는 것이 현실적으로 불가능하다는 점이다. 피관리자의 마음을 통제하고 조작하는 주된 메커니즘이 바로 기만이라는 것이다. 타미가 아무런 기만 없이 모건을 자신의 곁에 두려는 의도와 목적을 분명히 밝히면서 모건에게 갑자기 카톡 메시지를 보내거나 혹은 모건의 소셜 미디어 게시물에 '좋아요'를 누른다면 그것은 더 이상 진정한 떡밥이 될 수 없다. 왜냐하면 모건의 눈에 타미의 의도나 목적이 뻔히 보이는 마당에, 모건이 그 '떡밥'으로 인해 타미의 마음을 오해하거나 착각할 수는 없기 때문이다.

이처럼 모건에 대한 타미의 기만이 없는 상황에서 타미가 자신을 향한 모건의 마음을 조작하거나 통제하는 것은 가능하지 않고, 이는 어장관리의 핵심 요소가 그 둘의 관계에서 부재한다는 것을 뜻한다. 그런 만큼 비록 그들은 자신들의 관계가 어장관리의 관리인과 물고기라고 말하고 있지만, 그들의 관계는 어장관리의 관계가 아닌 짝사랑의 관계로 보는 것이 더 합당하다는 것이 나의 견해이다. 실제로 드라마 역시 이러한 나의 견해에 부합하는 방식으로 전개된다. 위의 대화 이후 타미는 모건의 인간성, 개인사 등에 대하여 더 많은 것을 알아가며 모건을 향해 자신이 느끼던 호감과 관련한 의지적 불확정성을 조금씩 해소해 나간다. 그러한 과정을 거쳐 드라마의 마지막 편에서 그들은 서로 진심 어린 포옹을 나누며 한 쌍의 사랑스러운 연인으로 거듭난다.

9.
그들은
왜 썸을 타는가

썸타기의
시대적 배경을 찾아서

지금까지 우리는 최근 들어 젊은이들 사이에서 새롭게 유행하고 있는 썸타기와 어장관리의 본성에 대하여 살펴보았다. 썸타기와 어장관리의 출현과 같이 개인들의 친밀성 영역에서 나타나는 변화는 한국 사회의 현주소에 대하여 많은 시사점을 담고 있을 개연성이 높다. 일반적으로 가족 관계, 친구 관계, 연인 관계와 같은 친밀성 영역에서의 급격한 변화 역시 여타의 사회적 변화와 마찬가지로 한 시대의 시대상을 반영할 수밖에 없기 때문이다. 사람들의 지극히 사적인 마음과 마음이 만나는 지점에서 발생하는 현상들조차도 한 시대의 큰 흐름으로부터 무관할 수는 없다는 것이다. 예컨대 많은 역사학자들은 르네상스 이후 남녀가 봉건적인 속박을 벗어나 이성애적 감정에 따라서 자유롭게 연애하는 문화, 소위 자유연애의 문화가 자리 잡게 된 계기가 근대적 주체의 성립과 밀접한 관련이 있다고 믿고 있다.[43] 그런 점에서 한국의 젊은이들 사이에서 새롭게 등장한 썸타기와 어장관리라는 연애 문화의 시대적 배경은 매우 흥미로운 학문적 탐구의 주제가 아닐 수 없다. 그렇다면 썸타기와 어장관리의 출현이라는 친밀성의 영역에서의 변화는 어떤 시대상과 관련이 있는 것일까?

이러한 질문에 대한 적절한 답변을 얻기 위해서 우리는 무엇보다 썸타기와 어장관리의 본성이 무엇인지 분명히 파악할 필요가 있다. 이런 문제의식 속에서 나는 지금까지 썸타기와 어장관리의 본성을 밝히는 탐구에 매진하였다. 그러한 탐구를 통해 얻은 통찰을 기반으로 삼아 썸타기와 어장관리가 새로운 연애 문화로 한국의 젊은이들 사이에 등장하게 된 시대적 배경과 원인에 대해서 간략히 논의하며 이 책을 마무리하기로 하자.

먼저 지금까지 제시된 핵심 논지를 요약하며 본격적인 논의의 첫발을 내딛자. 앞서 나는 썸타기를 상대방에게 끌리는 호감에 대하여 고차적 태도와 의지를 확정하지 못한 이들이 경험하는 의지적 불확정성을 통해 이해할 것을 제안하였다. 썸타기란 생면부지의 두 남녀가 이성적 호감에 끌려 만남과 교류를 이어가는 과정에서 그들이 경험하는 의지적 불확정성이 상호작용하는 국면을 가리킨다는 것이다. 이러한 나의 제안은 썸타기를 상대방에 대한 무지에서 비롯하는 인식적 불확실성을 해소하는 과정으로 이해하는 이정규 교수의 제안과 상충한다 ─ 이 교수의 제안이 왜 잘못되었는지에 대해서는 앞서 이미 충분히 논증했지만, 책 말미의 부록에서 그 제안의 문제점을 하나 더 지적할 것이다.

썸타기에는 그 궁극적 목적에 따라 두 가지 유형이 존재하는데, 그 첫 번째 유형은 서로 호감을 느끼는 남녀가 지속적인 만남과 교류를 통해 상대방에 대한 정보를 충분히 수집하고 그에 근거하여 의지적 불확정성을 해소하는 것을 목적으로 썸타기에 임하는 탐색형 썸타기이다. 다른 한 유형은 서로 호감을 느끼는 남녀가 썸타는 행위 자체에서 모종의 쾌락을 얻는, 그래서 썸타는 행위 그 자체가 썸타기의 목적이 되는 쾌락형 썸타기이다. 두 썸남썸녀가 자신이 현재 참여하고 있는 썸타기가 어떤 유형의 썸타기인지에 대하여 반드시 동일한 이해를 가질 필요는 없다. 동상이몽형 썸타기가 가능하다는 말이다. 예컨대 썸남은 썸녀와 탐색형 썸타기에 임하는 반면 썸녀는 썸남과 쾌락형 썸타기에 임하는 것이 얼마든지 가능하다.

한편 어장관리는 상대방의 마음이 자신을 떠나지 않게 만들 목적으로 상대방의 마음을 통제하고 조작하는 행위이다. 여기서 통제와 조작의 주된 메커니즘은 뜬금없는 카톡 메시지나 부재중 전화와 같은 떡밥을 활용한 기만이다. 그런데 기만의 내용에 따라서 어장관리를 두 가지 유형로 분류할 수 있다. '어장관리(I)'로 명명된 첫 번째 유형의 어장관리에서 관리자는 피관리자에 대하여 아무런 호감이 없음에도 불구하고 그러한 호감이 있는 것처럼 피관리자를 기만한다. 한편 어장관리(II)는 관리자가 피관리자에게 일정 정도 호감을 느끼지만 그럼에도 관리자가 피관리자와 교류를 지속하는 목적에 대하여 피관리자를 기만할 때 발생한다. 좀 더 구체적으로 말하자면, 관리자는 피관리자에게로 향하는 호감과 관련한 의지적 불확정성 자체를 즐길 목적으로 만남을 이어가지만 그럼에도 피관리자에게는 마치 피관리자와 진지한 연인으로 발전할 가능성을 염두에 두고 그러한 의지적 불확정성을 해소하는 것을 목적으로 만남을 이어간다는 인상을 주고, 그를 통하여 관리자가 만남과 교류의 목적에 대하여 피관리자를 기만할 때 발생한다.

지금까지 살펴본 바와 같이 썸타기와 어장관리에 관한 나의 이론에서 핵심어는 바로 의지적 불확정성이다. 그렇다면 썸타기와 어장관리가 최근 젊은이들의 연애 문화에서 만연하게 된 사회적, 경제적, 문화적, 사상적 원인을 찾는 탐구는 그 핵심어를 중심으로 진행되어야 할 것이다. 그러한 탐구는 지난한 노력과 시간을 필요로 하는 작업이 될 것으로 예상되는데, 여기서는 전반적인 탐구의 방향을 제시하는 것에 만족하기로 하자.

썸타기와
신자유주의

이 주제와 관련하여 몇몇 사회과학자들의 선행 연구가 없지 않다. 안혜상의 논문 〈신자유주의 시대 청년세대 친밀성의 재구성, "썸"〉은 그러한 선행 연구들 중 단연 군계일학이라 할 수 있다. 그 논문에서 안혜상은 썸타기 문화를 신자유주의와 연결시킨다.

여기서 신자유주의란 자본주의적 시장에서 통용되는 경제적 사고 방식을, 비경제적 측면들을 포함한 삶의 모든 측면들로 확대 적용하는 관점을 통칭한다. 미셸 푸코Michel Foucault는 이러한 관점을 모자 관계를 통하여 설명하는데,[44] 일반적으로 어머니가 자식에게 지니는 모정은 비경제적 영역에 속하는 것으로, 경제적 고려에 의해 분석될 수 없는 삶의 측면으로 간주된다. 하지만 신자유주의 이론가들은 어머니가 자녀에게 베푸는 애정, 관심, 희생 등을 기업가적인 정신에 따른 투자로 여기고, 자녀가 성장한 이후 나이 든 어머니를 부양하는 것과 같이 자녀가 어머니를 위하여 수행하는 다양한 효행을 투자에 대한 수익으로 여긴다. 이처럼 인간의 삶에서 비경제적 영역으로 통상 간주되는 모자 관계까지도 경제적인 분석을 적용하는 관점이 바로 신자유주의이다. 이에 신자유주의자들은 사회의 다양한 문제나 분쟁을 자본주의적 시장의 경쟁 원리에 입각하여 해소할 것을 권고한다.[45] 이런 이유로 무역/투자/금융 시스템의 자유화와 대외 개방, 국가의 시장에 대한 직접적 개입 축소, 자본의 독자성과 지배력 강화, 규제완화 등 친기업정책의 실행, 제한적이고 소극적인 사회복지 시스템 운영, 노동 유연화, 작은 정부 등은 신자유주의 정책의 대표적인 사례로 거론된다.[46] 이러한 신자유주의가 지난 세기 후반 이래로 인류의 삶에서 지배적인 사상적 조류로 자리 잡았다는 것이 많은 학자들의 일치된 의견이다.

안혜상은 전술한 논문에서 썸타기를 신자유주의가 남녀 관계에 대한 한국인들의 인식에 침투한 결과라고 주장한다. 안혜상의 말을 직접 들어보자.

[썸타는] 이들은 감정의 영역까지도 자기통치의 영역으로 삼는, 지극히 신자유주의적인 자기통치의 개인이었다. 이들은 상대와의 '연애'를 커리어 발전에 있어서의 하나의 '리스크'로서 파악하였고, 이러한 리스크 감수를 하지 않기 위해 상대와 관계를 발전시켜 나가기보다는 "썸"이라는 관계에 머물고 있었던 것이다. [47]

결국 연구자가 파악한 이들의 모습은 신자유주의 자기통치하는 개인의 모습이 감정의 영역에서도 발현한, 자신의 감정까지도 '성공'을 위한 통치의 일환으로 삼는 '감정통치적인 개인'의 모습이었다. [48]

또한 개인은 시장의 논리, 즉 경제적인 선택과 '경쟁'을 내재화해 이를 이성 관계의 맥락에서도 실천하는 '감정 투자자'로서의 개인이었다. 이들은 경제적인 선택으로서 연애 대신 "썸"의 관계를 택했고, 관계의 속성이 "썸", 연애, 또는 결혼이냐에 따라 감정의 투입량을 결정했다. 또한 이들은 또한 '경쟁'의 논리를 내재화해 연애 시장에서도 최고의 이득을 얻으려는 신자유주의적 개인의 모습에 다름 아니었다. 개인들은 연애 시장에서의 경쟁에서 우위를 차지할 전략으로서 "썸"이라는 관계를 택했다. "썸"은 다양한 이성을 만날 수 있는 열린 관계라는 점에서 다양한 선택지의 포기라는 손실을 가져오지 않는다. 개인들은 썸남,

썸녀가 있는 와중에도 다른 이성을 자유롭게 만날 수 있으며, 현재의 썸남, 썸녀 또한 하나의 '보험'으로서, 미래의 연애 시장을 위해 소위 '킵keep' 해 놓을 수 있는 것이다. 이러한 맥락에서 이들은 관계를 맺는 상대를 "썸"의 상대, 연애 상대, 결혼 상대로 구분지어, 각자의 목적에 따라 상대방과의 관계를 유지하는 양상을 보였다. 이러한 맥락들은 곧 이들이 경제적인 개인의 모습으로서, 연애 시장에 있어서도 경쟁을 통한 우위를 차지하기 위한 전략으로서 "썸"을 택하는 모습을 보여준다. 곧 이들에게 있어 "썸"은, 경쟁적 연애시장에 있어 가장 '경제적인 관계의 방식'이라는 점에서 채택되고 있는 것이다.[49]

썸타는 이들은 신자유주의적 관점하에서 남녀 관계라는 친밀성의 영역에 경제 논리를 적용한 이들이라는 안혜상의 주장은 분명 경청할 부분이 있다. 그럼에도 최근 한국 사회에서 썸타기나 어장관리와 같은 연애 문화가 어떻게 태동하게 되었는지에 대한 안혜상의 접근은 근본적으로 그릇되다는 것이 나의 평가이다.

썸에 관한 안혜상의 연구에서 보이는 첫 번째 문제점은 썸타기 현상 자체에 대한 심층적인 분석 없이 썸타기 현상의 원인으로 신자유주의를 지목하는 성급함에 있다. 안혜상은 단순히 연인 관계로 발전하기 이전 단계의 애매한 남녀 관계 정도로 썸타기를 이해하며 자신의 논의를 전개하지만, 그러한 이해는 지나

치게 소박하다. 앞서 영화 〈건축학개론〉의 사례에서 우리는 연인 관계로 발전하기 이전의 애매하고 불확실한 남녀 관계가 모두 썸타기에 해당하지는 않는다는 것을 확인할 수 있었다. 그런 점에서 썸타기의 사회과학적 원인에 대한 엄밀한 탐구가 가능하기 위해서는 썸타기가 정확히 무엇인지에 대한 심도 있는 이해가 선행되어야 할 것이다. 그러한 이해가 부재한 상황에서 썸타기를 신자유주의와 성급하게 연결시킨다는 점에서 안혜상의 연구에는 아쉬운 부분이 있다.

그리고 안혜상의 연구가 갖는 이러한 결함은 그 연구의 두 번째 문제점으로 이어지는데, 그 문제점은 안혜상이 썸타는 남녀를 지나치게 능동적인 행위자로 파악한다는 사실에서 기인한다. 안혜상의 견해에서 썸타는 남녀는 감정 투자자로서 경제적인 논리에 입각하여 연인 관계가 아니라 썸타는 관계를 능동적으로 선택한 이들이다. 그러나 나는 썸타는 남녀들이 자기 자신의 선택에 대하여 그러한 능동성을 지니는지에 대해 강한 의구심을 갖는다. 왜냐하면 그들이 경험하는 의지적 불확정성이 능동적 선택의 결과물이 아닐 가능성을 결코 무시할 수 없기 때문이다. 그들 자신의 선택과 무관하게 그들이 통제할 수 없는 내심의 조건 때문에 어쩔 수 없이 의지적 불확적성을 경험할 가능성을 배제할 수 없다는 것이다. 이 경우 썸타는 남녀의 썸타기는 능동적 선택의 결과물이 아니다. 박재언이 여자 문제가 복잡하다는 소문을 잘 알고 있지만 그럼에도 박재언에게 자꾸만 향하는 자신의 마음을 어떻게 받아들여야 할지, 그러한 마음을 자아의 일부로 긍정할지 아니면 탈법적 침입자로 배제할지에 대해 혼란스러워하는 유나비의 의지적 불확정성이 반드시 그녀의 능동적 선택의 결과물이 아닐 수 있다는 말이다. 오히려 유나비의 의지적 불확정성은 그녀의 통제를 벗어나 있다고 보는 것이 자연스럽다. 그런 점에서 적어도 자신의 의지적 불확정성과 관련하여 유나비의 지위는 능동적 주체라기보다는 수동적 객체에 가깝다.

이러한 나의 관찰은 썸타는 남녀란 신자유주의 원리에 입각한 감정 투자자라는 안혜상의 규정에 내포된 그들의 능동성이 실상 허구라는 것을 폭로한다. 썸타기 자체에 대한 제대로 된 분석이나 탐구 없이 곧장 썸타기를 신자유주의와 결부시키는 성급함이 안혜상이 그러한 허구적인 능동성을 썸타는 남녀에게 귀속하는 오류를 범하게 된 결정적 계기가 되었을 것으로 나는 추측한다. 썸타기를 의지적 불확정성으로 분석하는 나의 견해에서 썸타는 남녀가 능동적 주체가 아닐 수 있다는 논점이 한층 명료하게 인식될 수 있다는 사실은 그러한 나의 추측을 뒷받침한다.

이제 썸타기 현상이 신자유주의적 흐름과 관련이 있다는 안혜상의 견해에서 보이는 세 번째 문제점으로 넘어가자. 단적으로 한국 사회에서 신자유주의가 맹위를 떨치던 시기와 젊은이들의 연애 문화에서 썸타기와 어장관리가 싹트던 시기가 딱히 일치하지 않는다. 한국 사회에서 신자유주의가 어떻게 전개되었는지에 대해서는 학자들 사이에 논란이 없지 않다. 그러나 대체로 신자유주의가 1997년 외환위기 이후 김대중 정부와 IMF에 의해 한국 사회에 본격적으로 도입되기 시작했으며 노무현 정부, 이명박 정부, 박근혜 정부를 거치면서 한층 공고해졌다는 것이 학계의 통설이다.[50] 한국 정부의 신자유주의적 정책 기조는 한국 역사상 가장 큰 규모의 외교 협정으로 기록된 한미 자유 무역 협정Korea-US Free Trade Agreement을 거치며 그 정점을 찍는다. 한미 FTA 협상은 2006년에 시작되어 2007년 타결되었으며, 그 비준안이 2011년 대한민국 국회 본회의를 통과하며 마침내 효력을 발휘하기 시작하였다. 이렇게 신자유주의는 1997년 외환위기 이후 한국 사회에 본격적으로 도입되었고 2000년대 중반 한국 사회에 확고히 뿌리내린 이데올로기라 할 수 있다.

한편 썸타기와 어장관리는 이와는 상당히 상이한 타임라인을 따라 출현하였다. 실제로 썸타기와 어장관리는 2010년 이후에나 한국 젊은이들의 연애 문화로 본격적으로 등장하기 시작하였다. 썸타기나 어장관리를 주제로 한 드라마(〈브람스를 좋아하세요?〉, 〈날 녹여주오〉, 〈치즈인더트랩〉 등)나 가요(소유와 정기고의 〈썸〉, 케이윌과 마마무의 〈썸남썸녀〉, 볼빨간사춘기의 〈썸 탈꺼야〉, 소유, 행주, 박재정의 〈썸 비슷한〉 등) 들이 모두 2010년대 중엽 이후에 방영되거나 발표되었다는 사실은 이를 방증한다. 이는 썸타기나 어장관리의 타임라인과 신자유주의의 타임라인이 일치하지 않는다는 것을 뜻한다. 만약 썸타기와 어장관리의 배후에 신자유주의가 있다는 안혜상의 주장이 옳다면 썸타기와 어장관리가 2000년대 초부터 등장했어야 하는 것 아니겠냐는 의문이 자연스럽게 제기되는 대목이다. 신자유주의적 경쟁에 내몰리는 개인들이, 연애나 사랑과 같은 친밀성의 영역까지도 경제의 논리를 적용하기 시작하며 썸타기와 어장관리가 탄생했다는 언명은 한국 사회에서 썸타기나 어장관리가 실제로 등장하기 시작한 2010년대 이전의 청춘들에게도 그대로 적용될 수 있는 듯하기 때문이다. 안혜상의 연구가 근본적으로 맥을 잘못 짚었다고 볼 수 있는 이유이다.

탈진리 시대 인생의 질문에 대한
답을 찾지 못한 이들의 남녀상열지사, 썸타기

그렇다면 2010년대를 전후하여 썸타기와 어장관리라는 연애 문화가 젊은이들 사이에서 새롭게 등장하게 된 시대적 배경은 도대체 무엇일까?

이 글을 쓰는 중 우연히 매체를 통해서 2022년 대통령 선거 후보로 나온 어느 정치인의 연애담을 접할 기회가 있었다. 아내와 어떻게 만나서 결혼을 하게 되었느냐는 인터뷰 질문자에게 그는 다음과 같은 연애담을 풀어냈다.

사연이 좀 복잡하긴 한데 제가 8월에 만나서 사흘 만에 결혼하
기로 마음먹고 6개월 만에 진짜 결혼했습니다. 제가 인생살이
하며 제일 잘 한 일이 제 아내를 만난 일인 것 같아요.

분명 생면부지의 여성과의 첫 만남 이후 사흘 만에 결혼을 결
심하는 것은 흔한 일이 아니다. 그럼에도 이 정치인의 연애담에
는 상당히 흥미롭고 또 중요한 시사점이 있다.

어떤 이는 상대방을 처음 만난 지 사흘 만에 결혼을 결심한다.
한편 썸타기나 어장관리에 임하는 최근의 젊은이들은 상대방과
오랜 기간의 만남을 이어가면서도 그 만남을 본격적인 연애로
발전시킬지를 놓고도 망설이고 머뭇거린다. 그렇다면 이 차이
는 어디에서 오는 것일까? 앞서 나는 인간은 단순히 자신의 내
심에 떠오르는 욕구를 추종하기보다 그 욕구 자체에 대하여 반
성적인 태도나 의지를 갖는 존재라는 프랭크퍼트의 인간관을
소개하였다. 이런 관점에서 상대방과 연인이 되겠다고 결심하
는 것은 단순히 상대방에 대한 강렬한 호감만으로 설명될 수는
없다. 만난 지 사흘 만에 결혼을 결심하는 이는 상대방을 너무너
무 좋아하기 때문에 그런 결심을 할 수 있고, 몇 년 이상의 만남
속에서도 연애 앞에서 망설이고 머뭇거리는 이는 상대방을 너
무너무 좋아하지는 않기 때문에 그렇게 망설이고 머뭇거린다고
설명하는 것은 옳지 않다는 것이다.

그렇다면 그 둘 사이의 차이는 도대체 무엇이란 말인가? 내가

누군가를 사랑하는 것은, 그(녀)의 기쁨과 슬픔을 나의 기쁨과 슬픔으로 받아들이는 것은, 그렇게 그(녀)의 삶과 나의 삶을 하나로 일체화하는 것은 단순히 그(녀)를 향한 강렬한 끌림이나 호감만으로는 성취될 수 없다. 그(녀)에 대한 사랑이 진정 가능하기 위해서는 무엇보다 그렇게 상대방에게 호감을 느끼는 나 자신의 모습을 긍정하는, 그런 모습을 나 자신의 진정한 자아로 받아들이는 고차적인 태도나 의지가 형성되어야 한다. 내가 누구인가에 대한 나 자신의 답 속에 그(녀)를 아끼고 보살피는 나의 모습이 포함되어야 한다는 것이다. 그런 의미에서 누구를 사랑할 것인가라는 질문에 대한 나의 답변은 결과적으로 내가 진실로 어떤 인간이고자 하는가라는 질문에 대한 나의 답변에 의존한다.

이런 프랭크퍼트의 관점에서 만약 내가 누군가와의 첫 만남 이후 얼마 지나지 않아 그(녀)가 나의 연인 혹은 미래의 배우자임을 확신하게 되었다면 그것은 무엇보다도 내가 나 자신의 내심에 등장하는 심적 요소 중 어떤 요소들로 나의 참된 자아를 구성할지, 내 자신이 진정 어떤 인간이 될지, 내 자신의 삶이 어떤 모습을 지녀야 할지 등의 질문에 대하여 명확한 답변을 지니고 있었기 때문이다. 상대방을 아끼고 보살피는 내 자신의 모습이 그러한 답변 속에 포함될 때 나는 어떠한 의지적 불확정성도 없이 상대방의 연인이 되기로 마음먹을 수 있다는 것이다. 앞서 소개한 정치인이 첫 만남 이후 곧장 상대방과 결혼할 것이라고 결심할 수 있었던 것은 자기 자신에 대한 반성적 성찰 속에서 자신이 어떤 인간이어야 하는지에 대한 명확한 답변이 있었기에 가능했다는 말이다.

이런 점을 숙고할 때 우리는 왜 썸타기와 어장관리가 최근 젊은이들 사이에서 유행하는지에 대한 한 가지 유력한 가설을 얻게 된다. 바로 자신의 어떤 모습을 가장 진실된 자아로 긍정하고 승인할 것인지에 대한 답변의 부재 혹은 상실이 청춘들이 사랑 앞에서 주저하고 망설이는 근원적인 이유라는 가설이 그것이다. 물론 그들 사이에도 설렘이나 두근거림과 같은 일차적 감정의 설왕설래는 분명 존재할 것이다. 그러나 딱 거기까지이다. 자신이 진정 어떤 인간이 될 것인지 어떤 삶을 살 것인지에 대한 명증한 답변이 부재한 상황에서, 그러한 감정의 설왕설래는 사랑이라는 한층 고차적이고 반성적인 관계를 만들어내지 못한다. 대신 상대방에게 자꾸만 마음이 가지만 그 마음을 어떻게 자신의 자아상 속에서 자리매김지어야 할지에 대하여 망설이고 머뭇거리는 의지적 불확정성에 머물 뿐이다. 이런 관찰에 따라, 나는 썸타기와 어장관리라는 새로운 연애 문화의 배후에는 자신의 자아를 어떤 의지와 욕구들로 채워야 할지에 대하여 명료한 답을 찾지 못하는 새로운 세대generation의 출현이 있다고 제안한다.

어떤 시대적 배경 속에서 이와 같은 새로운 세대가 출현하게 되었을까? 흥미로운 질문이다. 그러나 아쉽게도 이 책에서 상세히 다루기에는 너무나 방대한 연구를 요구하는 질문이다. 그 답을 아주 대략적으로 추측만 해보자. 앞서 지적한 바와 같이 썸타기나 어장관리가 한국의 젊은이들 사이에서 광범위하게 유행하기 시작한 시기는 대략 2010년대 초중반이다. 실제로 인터넷을 검색해 보면 그 무렵의 자료로부터 '썸타기'나 '어장관리'와 같은 신조어가 등장하기 시작한다. 그렇다면 그 시기 한국 사회는 어떠한 변화를 겪었던가? 2010년대 초중반 한국 사회에는 스마트폰이 보편화되고, 유튜브나 소셜 미디어가 개인들의 일상으로 자리 잡으며, '뇌피셜'이나 '가짜뉴스'와 같은 신조어로 대변되는 탈진리post-truth 시대의 맹아가 출현하는 것과 같은 사회적 변화를 경험하였다. 사실 이러한 변화가 한국에만 국한된 것은 아니었다. 옥스퍼드사전을 출간하는 옥스퍼드대학교출판사는 2016년 '탈진리post-truth'를 올해의 용어로 선정하기도 했다.

나는 이러한 시대적 변화가 한국인의 정신세계에 아주 중차대한 영향을 미쳤다고 보는데, 특히 그 변화 속에서 인격 형성기를 보낸 젊은이들에게 그 영향은 가장 두드러졌을 것이라 추측한다. 그렇게 한국의 젊은이들 사이에서 자신들만의 유튜브 채널과 소셜 미디어 속에서 자신들이 듣고 싶은 말만 듣고, 믿고 싶은 것만 믿는 문화가 등장하기 시작하였다. 유튜브 채널이나 소셜 미디어가 소위 에코 챔버echo chamber로 기능하며 개인들 사이의 공통분모를 해체시켰다는 것이다.[5] 그렇게 탈진리의 시대를

---

5   에코 챔버의 본성과 기능에 대해서는 (Thi Nguyen 2020)을 참고하라.

살아가는 개인들은 분절화되고 파편화되었다. 그 결과 사람들의 인식 속에서 옳음/그름이나 참/거짓 사이의 경계가 모호해지고, 심지어 옳음/그름이나 참/거짓 구분 자체의 중요성에 대한 의구심마저 제기되었다. 세계에 대한, 인생에 대한, 그리고 자기 자신에 대한 회의주의, 냉소주의, 허무주의가 최근 젊은이들 사이에서 만연하는 모습은 이러한 탈진리 시대의 한 단면을 보여준다.

어떤 인간이 바람직한 인간인지, 어떤 삶이 진정 가치 있는 삶인지에 대한 명료한 답변이 사라진 탈진리의 시대, 파편화된 개인들의 중구난방 주장만 있을 뿐 인생의 근원적인 질문에 대한 어떤 공통된 합의나 동의가 부재한 이 탈진리의 시대를 살아가는 젊은이들의 연애 문화가 과거 세대의 연애 문화와 확연한 차이를 보이는 것은 어쩌면 당연하다 하겠다. 나는 썸타기와 어장관리라는 새로운 연애 문화의 출현이 기성 세대의 시각에서는 다소간 뜬금없어 보일 수 있겠지만, 실상 그 연애 문화는 인생의 질문에 대한 답을 상실한, 탈진리의 시대를 살아가는 이 땅의 젊은이들에게는 너무도 자연스러운 것으로 받아들여졌을 것이라 추측한다. 나 자신이 누구인지에 대해서 확신이 없는 상황에서 '나는 누구의 연인이 될 것인가'라는 질문 앞에서 망설일 수밖에 없고 그러한 망설임이 의지적 불확정성을 낳았을 것이기 때문이다. 이렇게 썸타기와 어장관리의 배후에는 탈진리의 시대 속에서 잉태된 인생에 대한 회의주의, 냉소주의, 허무주의가 자리 잡고 있다는 것이 나의 어림짐작 가설이다. 이 가설의 타당성에 대한 엄밀한 검토는 그것대로 상당한 시간과 노력을 요구하는 지난한 작업이 될 공산이 크기에 이후의 연구 과제로 남겨두기로 하고 썸타기와 어장관리의 본성을 철학적으로 탐구하는 본 연구는 여기서 잠시 마침표를 찍기로 하자.

부록: 그(녀)와 썸타고 있는 줄 알았는데

[본문에서 나는 썸타기의 본성을 인식적 불확실성으로 포착하는 이정규 교수의 견해를 비판하였다. 인식적 불확실성으로 포착할 수 없는 썸타기의 사례(e.g. 박재언과 유나비의 썸타기)가 존재한다는 것이 그 비판의 핵심 논지였다. 이 부록에서는 이 교수의 견해에 대하여 또 다른 비판이 제기될 텐데, 이번 비판 논증은 다소 복잡하고 까다롭다. 형식적으로 엄밀한 논증에 익숙지 않은 독자들을 위해, 본문에서 분리하여 그에 관한 별도의 부록을 마련하였음을 밝힌다.]

요즘 들어 자신이 영희와 썸을 타고 있다는 철수의 믿음은 오류 불가능한 자기지식self-knowledge이 될 수는 없다.[6] 철수는 자신이 영희와 썸을 탄다고 믿지만 실상 그 믿음이 영희의 심리에 대한 철수의 오해에서 비롯한 거짓된 믿음일 수 있다는 것이다. 실제로 이정규 교수[51] 역시 이러한 가능성을 인정하며 다음과 같이 말한다.

---

6   여기서 자기지식(self-knowledge)란 자기 자신에 대한 지식(knowledge about oneself)를 뜻한다.

(…) 아이유의 심적 상태에 어떤 유의미한 변화도 없다면, 이는 썸을 타는 것이 아니라 나 혼자 썸을 타고 있다는 착각에 빠져 있는 것이다. 우리는 이와 유사한 맥락에서, "나는 a와 썸을 타고 있는 줄 알았는데, 알고 보니 그건 나의 착각이었어"라는 발화를 적법하게 할 수 있는 것 같다.

이 교수의 말대로 내가 아이유와 썸타고 있다고 착각할 가능성을 배제하기 힘들다. 그런 점에서 요즘 영희와 썸을 타고 있다는 철수의 믿음은 오류 불가능한 자기지식이 되지는 못한다.

그러나 이러한 관찰로부터 영희와 썸을 타고 있다는 철수의 믿음이 결코 지식이 될 수 없다거나, 필연적으로 오류일 수밖에 없다는 결론이 따라 나오지는 않는다. 실제로 철수가 자신이 요즘 영희와 썸을 타고 있는지 여부에 대하여 자기지식을 갖는 것은 얼마든지 가능해 보인다. 적어도 '썸타다'라는 표현에 대한 우리의 직관적인 이해에 따르면 그러한 가능성은 열려 있어야 할 것으로 보인다. 여기서 썸타기를 인식적 불확실성으로 분석하는 이 교수의 견해에 대하여 한 가지 중대한 문제가 제기되는데, 그것은 이 교수의 견해가 그러한 가능성을 원천적으로 배제한다는 사실에서 연유한다.

이정규 교수의 견해는 (SOME)으로 요약되는데, 그것을 다시 적어보면 다음과 같다.

SOME. a와 b가 썸을 탄다 iff (S1) a와 b는 서로에 대하여 이성적 호감을 가지고 있다; (S2) a는, b가 자신에게 이성적인 호감을 가지고 있다는 어떤 긍정적인 증거들을 가지고 있지만, 그 증거들은 이를 확실하게 보장해 주기에는 충분하지 않고, b 역시도 a에 대해 마찬가지이다; (S3) a가 파악한 b의 호감에 대한 증거는, b가 자신에 대한 증거를 a가 가지게 될 수도 있다는 것을 인지하는 방식으로 표출된 증거이며, b가 파악한 a의 호감에 대한 증거도 마찬가지이다. …

(SOME)에 따르면 철수가 자신이 영희와 썸을 탄다는 것에 대한 자기지식을 갖기 위해서는 무엇보다 조건 (S1), (S2), (S3) 등이 충족된다는 것을 알아야 한다. 먼저 조건 (S1)이 충족된다는 것을 알기 위해서 철수는 '영희가 자신에게 이성적인 호감을 가지고 있다'는 것을 알아야 한다. 편의를 위해 'P'로 '영희가 철수에게 이성적인 호감을 가지고 있다'는 명제를 가리키자. 그리고 철수가 P를 안다는 것은 철수가 P에 대하여 정당화된 믿음을 갖는다는 것을 의미한다. 그런데 이는 조건 (S2)와 정면으로 상충한다. 조건 (S2)는 철수가 P에 대하여 정당화된 믿음을 형성하기에 충분한 증거를 결여하고 있어야 한다는 것을 요구하기 때문이다. 그런 점에서 철수가 조건 (S1)이 충족된다는 것을 아는 순간 그는 조건 (S2)를 충족하지 못하게 된다. 이는 이 교수의 분석에서 철수는 결코 자기 자신이 영희와 썸탄다는 것을 알 수 없다

는 것을 의미한다. 철수가 자신이 (S1)을 충족한다는 것을 안다고 가정할 때 그는 결코 (S2)를 충족할 수 없고, 그에 따라서 철수는 자신이 (S2)를 충족한다는 것을 알 수 없기 때문이다.

이러한 나의 비판에 대하여 이정규 교수는 내가 (S2)를 오해했다고 응답할지도 모르겠다. 앞서 서술한 바와 같이 (S2)는 '자신에게 이성적인 호감을 가지고 있다는 어떤 긍정적인 증거들을 가지고 있지만, 그 증거들은 이를 확실하게 보장해 주기에는 충분하지 않고'라는 문구를 포함하고 있다. 이를 철수의 사례에 적용할 때 철수가 (S2)를 충족한다는 것은 철수가 P를 믿을 어떤 긍정적인 증거들을 가지고 있기는 하지만, 그럼에도 그 증거들은 철수에게 P를 확실하게 보장해 주지는 않는다는 것이다. 이 지점에서 이 교수가 내놓을 수 있는 한 가지 응답은 '철수의 증거들이 P를 확실하게 보장해 준다'는 말과 '철수가 P에 대하여 정당화된 믿음을 갖는다'는 말은 서로 명확히 구분되어야 하는데 나는 그 둘이 사실상 같은 의미를 갖는 것으로 오해했고 그 결과 (SOME)으로부터 파국적인 귀결을 이끌어냈다는 것이다. '철수의 증거들이 P를 확실하게 보장해 준다'는 말과 '철수가 P에 대하여 정당화된 믿음을 갖는다'는 말을 구분할 때 내가 (SOME)에 대하여 제기한 비판은 무력화될 수 있다는 것이다. 이 교수는 그의 논문에서 '어떤 증거들이 P를 확실하게 보장해 준다'는 문구가 무엇을 의미하는지에 대하여 명확한 설명을 제시하지 않는다. 그런 상황에서 나는 이 교수가 그 문구로 정확히 무엇을 뜻했는지 알지 못한다. 그럼에도 그것을 '그 증거들이 P에 대한 믿음을 정당화한다'를 뜻하는 것으로 이해하는 것이 그에 대한 가장 자연스러운 해석이라는 것이 나의 판단이다. 혹시라도 내가 이 부분에서 이 교수의 분석을 오해했다면 그 오해를 해소하는 것은 이 교수의 몫일 것이다.

결론적으로 썸타기에 대한 이정규 교수의 분석에 따르면 우리는 우리 자신이 지금 썸타기에 임하고 있는지에 대한 자기지식을 결코 획득할 수 없는데, 이는 '썸탄다'의 의미에 대한 우리의 상식적 이해와 정면으로 충돌한다. 앞서 지적한 바와 같이, 내가 현재 누군가와 썸타고 있는지에 대하여 언제나 오류 불가능한 지식을 획득할 수 있다고 보는 것도 불합리하지만, 그렇다고 그에 대하여 지식을 획득하는 것이 도대체 불가능하다고 보는 것 역시 불합리하기 때문이다. 이정규 교수의 분석으로부터 이런 파국적인 결론이 도출된다는 것은 그 분석에 어떤 심각한 오류가 포함되어 있다는 것을 시사하기에 충분하다.

후주

[1]   김기진 1925

[2]   김동식 2001; 정혜경 2009

[3]   나무위키의 '썸' 항목은 다음의 웹사이트에서 확인할 수 있다. 나무위키, "썸".
       https://namu.wiki/w/썸.

[4]   장은성 2014

[5]   김규연 2015

[6]   호영성 2014

[7]   강은지 2014

[8]   김규연 2015

[9]   안혜상 2017; 양동옥·김경례 2017

[10]   김규연 2015

[11]   이정규 2019

[12]   *Ibid.*, p. 75

[13]   김자현 2014

[14]   Frankfurt 2006, pp. 1-6

[15]   Frankfurt 1999a, p. 162

[16]   Frankfurt 1988a, p. 18

[17]   Sartre 1973, p. 35

[18]   Frankfurt 1999b, p. 99. 영어 원문은 다음과 같다: "Ambivalence is constituted by conflicting volitional movements or tendencies, either conscious or unconscious, that meet two conditions. First, they are inherently and hence unavoidably opposed; that is, they do not just happen to conflict on account of contingent circumstances. Second, they are both wholly internal to a person's will rather than alien to him; that is, he is not passive with respect to them. . . . A person is ambivalent, then, only if he is indecisive concerning whether to be for or against a certain psychic position. Now this kind of indecisiveness is as irrational, in its way, as holding contradictory beliefs. The disunity of an ambivalent person's will prevents him from effectively pursuing and satisfactorily attaining his goals. Like conflict within reason, volitional conflict leads to self-betrayal and self-defeat."

[19]   Frankfurt 1988b, p. 165

[20]   Frankfurt 1999b, p. 99 영어 원문은 다음과 같다: "An addict who struggles sincerely against his addiction is contending with a force by which he does not want to be moved and which is therefore alien to him. Since the conflict is not wholly within his will, he is not volitionally divided or ambivalent. The unwilling addict is wholeheartedly on one side of the conflict from which he suffers, and not at all on the other. The addiction may defeat his will, but does not as such disrupt its unity."

[21]   Frankfurt 1988b, p. 170

[22]   Swindell 2010, pp. 26-27

[23]   Frankfurt 1988b, p. 174. 영어 원문은 다음과 같다: "Since it is most conspicuously by making a decision that a person identifies with some element of his psychic life, deciding plays an important role in the formation and maintenance of the self. . . . But while the nature of deciding is aggravatingly elusive, at least it is apparent that making

a decision is something that we do to ourselves. . . . A person who makes up his mind also seeks thereby to overcome or to supersede a condition of inner division and to make himself into an integrated whole. But he may accomplish this without actually eliminating the desires that conflict with those on which he has decided, as long as he dissociates himself from them."

[24] 호영성 2014

[25] Fiebich & Gallagher 2013, p. 575

[26] 영어 원문은 다음과 같다: "Joint actions can be joint final-goal actions, where agents coordinate their behavior in order to achieve an end-product or end-state, i.e., a final goal, which can be independent from the particular coordinated behavior pattern used to achieve that final goal. That is, the goal, e.g., robbing a bank, may be achievable in any number of ways. However, agents may also coordinate their behavior as an end in itself; call this a joint path-goal action. In such cases, e.g., dancing together, the shared intention entails only the activity itself, and thus, the coordinated behavior patterns to achieve the common goal involving we-intentions are more (as in tango) or less (as in free form disco dancing) specified in advance. The distinction between joint final-goal and joint path-goal actions should be viewed not as a strict difference in kind, but as two ends of a continuum, since many actions share characteristics of both. As we'll see, in this regard joint actions are sometimes ambiguous and can be described in complex ways."

[27] Gilbert 1989, 1990

[28] Bratman 2014

[29] Searle 1990

[30] Gilbert 1990

[31] Lewis 1969, pp. 52-57

[32]   Schelling 1960

[33]   Searle 1990, pp. 402-403

[34]   Searle 1990; Bratman 1992; Kutz 2000

[35]   Gilbert 1990, p. 7. 영어 원문은 다음과 같다: "What were the crucial elements in this transaction? I suggest, as an initial characterization, that each party has made it clear to the other that he is willing to join forces with the other in accepting the goal that they walk in one another's company. There are other ways of putting the point. I might have said that each has manifested his willingness to bring it about that the goal in question be accepted by himself and the other, jointly. For now, let me sum up by conjecturing that in order to go for a walk together each of the parties must express willingness to constitute with the other a plural subject of the goal that they walk along in one another's company. 'Plural subject' is a technical term of my own, whose meaning will be more carefully specified shortly. I conjecture, further, that once this willingness to form the plural subject of the goal in question has been expressed on both sides, in conditions of common knowledge, the foundation has been laid for each person to pursue the goal in his or her capacity as the constituent of a plural subject of that goal. Thus we can consider that each one's expression of willingness to walk with the other, in conditions of common knowledge, is logically sufficient for them to be plural subjects of the relevant goal, and hence to go for a walk together."

[36]   김정영·이성민·이소은 2014

[37]   Taylor 1985, pp. 264-266

[38]   Ibid., p. 265

[39]   Taylor 1980, p. 295. 영어 원문은 다음과 같다: "human communication doesn't just transmit information. It doesn't just produce, e.g., some belief in the hearer. It brings about the acknowledgement that some matter is entre nous. . . . to grasp that something is entre nous involves

more than grasping that thing; it involves seeing that it is present to us in a certain way, that is, in public space; or to take it from a different angle, that the subject(s) to whom this is present is the two of us together, and no longer just you and I individually."

[40] 나무위키의 '어장관리' 항목은 다음의 웹사이트에서 확인할 수 있다. 나무위키, "어장관리(연애)". https://namu.wiki/w/어장관리(연애).

[41] 이정규 2019, p. 76

[42] *Ibid.*

[43] Giddens 1993

[44] Foucault 2008, pp. 243-244

[45] Patomäki 2009, pp. 432-433

[46] Lafferty 2010, p. 590

[47] 안혜상 2017, p. 146

[48] *Ibid.*, p. 147

[49] *Ibid.*

[50] 장상철 2021

[51] 이정규 2019, p. 68

참고문헌

논문 및 단행본

김기진, 1925. 〈관능적 관계의 윤리적 의의: 연애 문제의 소관〉. 《조선문단》 7월 호.

김동식, 2001. 〈연애와 근대성〉, 《민족문학사연구》 18: 299-362.

김정영·이성민·이소은, 2014. 〈'나'의 성장과 경험으로서 연애의 재구성〉. 《미디어, 젠더 & 문화》 29: 45-81.

안혜상, 2017. 〈신자유주의시대 청년세대 친밀성의 재구성, "썸"〉. 서울대학교 언론정보학 석사학위논문.

양동옥·김경례, 2017. 〈대학생들의 '썸 문화'에서 나타나는 전략적 선택과 양가적 행위성〉. 《젠더와 문화》 10: 83-120.

이정규, 2019. 〈썸타는 것이란 무엇인가?: 신조어 '썸타다'의 적용조건 분석〉. 《철학적분석》 41: 61-80.

장상철, 2021. 〈외환위기 이후 한국에서의 신자유주의의 내부화〉. 《현상과 인식》 45: 35-58.

정혜경, 2009. 〈소설에 나타난 근대적 자유 연애 사상〉. 《한국어와 문화》 5: 55-82.

Bratman, M. E., 1992. "Shared Cooperative Activity," *The Philosophical Review* 101: 327-341.

_____, 2014. *Shared Agency: A Planning Theory of Acting Together.* New York: Oxford University Press.

Coates, D. J., 2017. "A Wholehearted Defense of Ambivalence," *The Journal of Ethics* 21: 419-444.

Fiebich, F. and Gallagher, S., 2013. "Joint Attention in Joint Action," *Philosophical Psychology* 26: 571-587.

Foucault, Michel., 2008. *The Birth of Biopolitics: Lectures at the Collège de France, 1978-1979* . New York: Palgrave Macmillan.

Frankfurt, H. G., 1988a. "Freedom of the Will and the Concept of a Person," in his *The Importance of What We Care About.* Cambridge: Cambridge University Press: 11-25. (First published in 1971, *Journal of Philosophy* 68: 5-20.)

_____, 1988b. "Identification and Wholeheartedness," in his *The Importance of What We Care About.* Cambridge: Cambridge University Press: 159-176. (First published in 1987, Schoeman, F. D. (ed.), *Responsibility, Character, and the Emotions: New Essays in Moral Psychology.* Cambridge: Cambridge University Press: 27-45.)

_____, 1999a. "On Caring," in his *Necessity, Volition, and Love.* Cambridge: Cambridge University Press: 155-180.

_____, 1999b. "The Faintest Passion," in his *Necessity, Volition, and Love.* Cambridge: Cambridge University Press: 95-107.

_____, 2006. *Taking Ourselves Seriously and Getting It Right.* Palo Alto: Stanford University Press.

Giddens, A., 1993. *The Transformation of Intimacy: Sexuality, Love, and Eroticism in Modern Societies.* Stanford: Stanford niversity Press.

Gilbert, M., 1989. *On Social Facts.* London: Routledge.

_____, 1990. "Walking Together: A Paradigmatic Social Phenomenon," *Midwest Studies in Philosophy* 15: 1-14.

Gunnarsson, L., 2014. "In Defense of Ambivalence and Alienation," *Ethical Theory and Moral Practice* 17: 13-26.

Korsgaard, C., 2009. *Self-Constitution: Agency Identity, and Integrity*. Oxford: Oxford University Press.

Kutz, C., 2000. "Acting Together," *Philosophy and Phenomenological Research* 61: 1-31.

Lafferty, G., 2010. "In the Wake of Neo-liberalism: Deregulation, Unionism and Labour Rights," *Review of International Political Economy* 17: 589-608.

Lewis, D., 1969. *Convention: A Philosophical Study*. Cambridge: Harvard University Press.

Marino, P., 2011. "Ambivalence, Valuational Inconsistency, and the Divided Self," *Philosophy and Phenomenological Research* 83: 41-71.

Nguyen, C. T., 2020. "Echo Chambers and Epistemic Bubbles," *Episteme* 17: 141-161.

Patomäki, H., 2009. "Neoliberalism and the Global Financial Crisis," *New Political Science* 31: 431-442.

Sartre, J. P., 1973. *Existentialism and Humanism*. London: Methuen.

Schaubroeck, K., 2013. *The Normativity of What We Care About: A Love-Based Theory of Practical Reasons*. Leuven: Leuven University Press.

Schelling, T., 1960. *The Strategy of Conflict*. Cambridge: Harvard University Press.

Searle, J., 1990. "Collective Intentions and Actions," in P. Cohen, J. Morgan, and M. Pollack (eds.), *Intentions in Communication*. Cambridge: MIT Press: 401-415.

Svolba, D., 2011. "Swindell, Frankfurt, and Ambivalence," *Philosophical Explorations* 14: 219-225.

Swindell, J. S., 2010. "Ambivalence," *Philosophical Explorations* 13: 23-34.

Taylor, C., 1980. "Critical Notices. On *Linguistic Behaviour*, by John Bennett," *Dialogue* 19: 290-301.

_____, 1985. *Philosophical Papers: Human Agency and Language (Vol.1)*. Cambridge: Cambridge University Press.

기사 및 웹페이지

강은지, 2014. "관심은 있는데, 느낌은 없고…남녀 '썸'타기 전 '심' 아시나요". 《동아일보》 2014년 12월 3일 자. http://www.donga.com/news/article/all/20141203/68329767/1.

김규연, 2015. "사랑도 우정도 아닌 값싼 금욕적 관계-'20대의 대세' 줄타기 연애 '썸'". 《신동아》 2015년 9월호. https://shindonga.donga.com/3/all/13/114189/1.

김자현, 2014. "연애, 마침내 '스펙'이 되다". 《한겨레21》 제1000호. http://h21.hani.co.kr/arti/special/special_general/36496.html.

나무위키, "썸". https://namu.wiki/w/썸. (접속일자: 2022년 1월 11일)

나무위키, "어장관리". https://namu.wiki/w/어장관리(연애). (접속일자: 2022년 1월 11일)

장은성·이수연·심재희, 2014. "응답하라! 썸남썸녀-1". 《우먼센스》 2014년 4월호. https://post.naver.com/viewer/postView.nhn?volumeNo=8355919&memberNo=6345811.

장재진, 2014. "그래서 우린 썸을 탄다". 《한국일보》 2014년 9월 4일 자. https://www.hankookilbo.com/News/Read/201409040425420175.

호영성, 2014. "내 꺼인 듯 내 꺼 아닌, 대학생의 썸: 대학생의 '썸' 관계 현황 및 인식 조사". 대학내일 20대 연구소. https://20slab.naeilshot.co.kr/archives/523.

썸타기와 어장관리에 대한 철학적 고찰

초판 1쇄 발행 | 2022년 3월 15일

지 은 이 | 최성호
펴 낸 이 | 이은성
편   집 | 이한솔
마 케 팅 | 서홍열
디 자 인 | 이윤진

펴 낸 곳 | 필로소픽
주   소 | 서울시 종로구 창덕궁길 29-38 4, 5층
전   화 | (02) 883-9774
팩   스 | (02) 883-3496
이 메 일 | philosophik@hanmail.net
등록번호 | 제2021-000133호

ISBN 979-11-5783-238-5 93100

필로소픽은 푸른커뮤니케이션의 출판 브랜드입니다.